88歳医師の 読むだけで気持ちがスッと軽くなる本

医学博士・浜松医科大学名誉教授
高田明和

三笠書房

はじめに

やっとこさ!
落ち込みやすい医学者の私がたどり着いた!「薬に頼らず、心が元気になる生き方」決定版!

年をとると、本当に生きている感じがしてくる。バイタリティーが高まってきて、いろいろなことに興味が湧くし、知性や気品も増して、人生が広がる。

——ジェイミー・リー・カーティス(1958〜　アメリカの女優)

「年を重ねる」ことを、あなたは、どのようにとらえていますか?

人間は年齢を重ねれば、体のあちこちが衰えて不具合が生じて不自由になっていきますし、定年や伴侶の死などのきっかけを通じて、日常生活のあり方も変えざるを得なくなります。喜びにあふれた出会いをたくさん経験していれば、別れという悲しい経験も、この先その数だけ待ち受けているでしょう。

けれども、冒頭で紹介した60歳をすぎたアメリカの大女優ジェイミーの言葉にあるように、年齢を重ねれば**人生の経験値も知識も増していきますし、それをもってすれば、若いころにはできなかったことにも挑戦できる時代に生きている**のもまた事実です。

そう、私たちは、年を重ねれば重ねるほど「幸福になる能力」を積み増していることは間違いありません。

ところが世の中を見渡すと、年をとるにつれて「辛《つら》さ」を感じるようになる人が、日本にはものすごく多くいらっしゃいます。

このことは、「うつ」になる高齢者の多さが如実に象徴しています。

また、うつから認知症へと移行する高齢者が多いのも日本の特徴です。

あまりにも辛いことが多いせいで、生物の自己防衛本能として、過去の辛い記憶を脳からどんどん失わせていっている面もあるのではないかと思います。もし、日本人の多くに、実際にそんなことが起こっているとしたら、女優ジェイミーが言うような「バイタリティーのある加齢」とは、ほど遠いでしょう。

では、どうすれば、うつ病などの心の病の問題を解決できるのでしょう?

医学者は近現代の歴史を通じて、さまざまなアプローチを試してきましたが、いまだに、その解決策を導き出せていません。それどころか、無謀ともいえる脳の実験的外科手術で患者さんの人間性を損なわせたこともあれば、ほとんど効かない「脳内物質」をあふれ出させる薬を処方して、逆に症状を悪化させるなど、むしろ失敗ばかりしてきたのです。

同じ医学者の一人として、私は「不甲斐ない」としか言えません。

その一方で、哲学者・宗教者・作家などの、心のありようを追究する人たちや、芸術家、そして人々を楽しませてきたエンターテイナーたちは、科学者たちよりもずっと**真正面から心の問題を見据え、実践的なアドバイス**を私たちに残してきました。

私自身も医科大学の教授を引退したのち、心の病を患《わずら》ったことがあります。その際も私を救ってくれたのは、科学的な処方ではなく、こうした賢人たちの教えでした。

そのような理由から、医学者としては異例でしょうが、本書では心に真正面から向き合ってきた「賢人の言葉」をベースに、高齢者が陥る心の問題を解決していきたいと思うのです。

年をとった私たちが悩む問題に対して、賢人たちはどのような答えを出していたのか？　そしてその答えは科学的にも正しいのか？

このことを知っておくことは、年を重ねた私たちがこれからを生きていくうえで、より幸福な選択をするための確かな指針になると思うのです。**もしかしたら、科学的見地から書かれた、どんなアンチエイジングの健康書よりも、役立つかもしれません。**

本書で紹介する賢人の言葉を味わいながら、明るい人生を謳歌するヒントにしていただければ、このうえなく嬉しく思います。

高田明和

もくじ

Chapter

2

遊び心を忘れない

——人に好かれて「また会いたい！」と思われる妙薬

Chapter

3

過去のことは思い出さない

――穏やかに心が整う「悟り」の妙薬

Chapter 4

明日のことは考えない

――ラクをして「気が利く人になれる」妙薬

Chapter 5

自分に残されたものを大切にする
――「生涯、幸運が続く」妙薬

Chapter

6

心の余裕を持つ

――「運命をよりよく変える」妙薬

Chapter

7

自分を責めない

——「心がほっと安らぐ」妙薬

Chapter 8

明るい面を見る

――心が澄んで視界がパッと開ける「問題解決」の妙薬

Chapter

9

自分を信じる

――まだ見ぬ可能性と「才能開花」の妙薬

Chapter

10

うつを防ぐ、武器としての医学知識

――「心が強くなる」食べる妙薬

編集協力　中川賀央
イラスト　茶畑和也

Chapter

1

夢と理想を失わない

——科学的・医学的に証明！どんなサプリメントよりも効果絶大な「若返り」の妙薬

理想を放棄すれば、人は老いる。
信念を抱けば若くなり、疑念を抱けば老いる。
自信を抱けば若くなり、恐怖心を抱けば老いる。
希望を抱けば若くなり、
絶望を抱けば老いさらばえる。

ダグラス・マッカーサー
（1880～1964　アメリカ合衆国陸軍軍人）

「夢と希望」は心や肉体を若返らせるのか？真相やいかに!?

「生涯現役」という言葉をよく耳にします。

いつまでも若い世代に伍《ご》しながら、衰えることなく若々しく、和気あいあいの人生を送る――そんなことができるなら、もちろん理想的です。

しかし、科学的に肉体は必ず衰えていくし、思考だって、徐々に世の中の変化についていけなくなります。だいたい、いつまでも老人が出しゃばっていたら、若い人たちとの世代交代の機会が失われてしまいます。だからといって「年をとった人間は、夢なんて持ってはいけない」などと言うつもりは、もちろんありません。

年をとったなと感じたときや、気持ちがちょっと落ち込んでいると感じたときほど、無理のない範囲で、夢や希望を持つことをおすすめします。

若いときは、「ああしたい、こうなりたい」「あれがほしい、あそこに行ってみたい」と、ときに無謀とも思える大きな夢を抱き、理想を追いかけようともしたでしょう。しかし、誰もが、すべての夢を叶えられるわけではありません。

画家になりたい人が全員、画家になれるわけではないし、ミュージシャンになりたい人が、誰でもミュージシャンになれるわけでもありません。ましてや、夢も仕事も家庭も友人関係も、すべてが理想どおり、なんていう人は極めて稀《まれ》です。

あの輝いている有名人も、恵まれているように見えるお隣さんも、もちろん私も、誰もが皆、人生でたくさんの失敗をし、たくさんの競争に負け、「思いが叶わない経験」をいっぱいしながら、年齢を重ねていかなければならないのです。**「いろいろな負け」を味わうことを大前提に、皆、この世に生まれてきているのですね。**

それでも、いくばくかの夢を叶えることができた人は、ある程度の満足感を覚えながら、今日を迎えているでしょう。

逆に、ほとんど夢は叶わなかったし、仕事も引退し、今さら若いときの夢を追いかける気力もない、という人にとっては、残りの人生の大半はただひたすら〝消化試合〟をこなし、やがて訪れる死を待つだけのつまらないものに思えるかもしれません。

でも、そうした局面でこそ持つべきなのが、「夢」なのです。

特別な才能や若いころのような体力なんてなくても、それでも現実的な新しい**夢を持つことで、心も肉体も若返らせることが可能**になります。そう、これからの人生を希望や生きがいに満ちた充実した日々に変えていくことは、可能なのです。

「夢と希望」こそが、私たちを若返らせる。

それは科学的・医学的なアプローチから見ても、確実に断言できることです。

本書を通して、あなたに、その重要な真実を知っていただきたいのです。

昔抱いたような大きな夢でなくても、小さな夢一つで、大逆転を果たすことになるかもしれません！

マッカーサーが、すべてを失った絶望に負けないために、最後まで挑戦し続けたこと

「夢と希望」が私たちを若返らせるという、医学的・科学的にもいえる真実を知って

いただくために、改めて、次のマッカーサー元帥《げんすい》の言葉を見てください。

「理想を放棄すれば、人は老いる」

マッカーサー元帥といえば、日本が太平洋戦争で無条件降伏したあと、連合国軍最高司令官総司令部、いわゆるGHQの最高司令官として占領下の日本を統治した人物です。歴史上の評価はさまざまですが、大変に優秀な軍人であったことは確かであり、私は非常に尊敬している人物です。

けれども、彼の事績がよく知られているのは、最高司令官を解任されて日本を去った1951年の時点まででしょう。解任の理由は、1950年に勃発した朝鮮戦争の国連軍総指揮官としてのマッカーサーが、朝鮮戦争での原爆使用をめぐってトルーマン大統領と意見が対立したことによります（マッカーサーが原爆使用を進言）。

彼はGHQ最高司令官の任を解かれて帰国し、その退任演説であの有名な、

「老兵は死なず、ただ消え去るのみ」

という言葉を残しました。

でもマッカーサーは、日本を去ったあと、「ただ消え去る」どころか、その後の人生を、足掻《あが》きに足掻き続け、自分をクビにした大統領に反旗を翻《ひるがえ》し、一時は大統領選の対抗馬にまでなります。

結局、彼の夢は成就《じょうじゅ》しなかったのですが、コンピューター会社の会長になったり、国賓としてフィリピンに招かれたり、日本のオリンピックへの復帰に関与したりと、生涯にわたり、アメリカで存在感を示し続けました。

軍人としての輝かしい功績に比べたら、老後にマッカーサーが成し得たことなど、些細なものにすぎないかもしれません。

それでも、大人しく引退してしまったら、本当に自分は「ただ消え去る」だけの人間になってしまう。マッカーサーは「だから、決して理想を放棄しない」と誓い、疑念や恐怖心、そして絶望が心を支配しないように、信念を持ち、自信を持ってできることをすることで、彼は人生に希望を見出そうと挑戦し続けました。

そうやって老いと戦いながら、人生に生きる意味を見出そうとした彼の努力は、私たちに大切なことを教えてくれているような気がします。

「ただ黙って老いに任せていれば、人生は尻すぼみになっていくだけ。たとえ思いどおりにはいかなくても、足掻きまくることで、人生はいくらでも明るく楽しいものに変わっていく」ということを。

そしてこれはすでに、医学的・科学的に証明もされています。

だから、決して夢や希望を失ってはいけません。

ハーバードの〝反時計まわりの実験〟心の時計を巻き戻せば、視力も認知力も若返る！

ハーバード大学の心理学者、エレン・ランガー教授は、1981年に**「反時計まわりの実験」**と呼ばれる検証実験の結果を発表しました。

この実験は、70代後半から80代前半の男性8人を、内装を1959年当時の状態にすっかり改装した修道院の中で、5日間の共同生活をさせるというもの。

部屋の家具や装飾品、テレビのニュースや番組、音楽、昔の個人的な写真などの小物に至るまで、ありとあらゆるものが、「今は1959年だ」と錯覚を起こさせるように設《しつら》えられていました。

1959年といえば、被験者たちにとっては、まだ40代か50代のエネルギーに満ちあふれていた時期です。

しかし、この実験の目的は、「当時の思い出に浸《ひた》りましょう」ということではありません。「考え方の変化」、つまり、**「自分は若いのだ、という思い込み（気持ち）」が、老化のプロセスに影響するかしないか**を調べることです。

そのため、ランガー教授は、被験者たちに1959年当時の若い自分になりきること、そして当時の出来事を、まさに今現在起こっているかのように話すよう指示しました。さらに、被験者たちに心の底から自分が40代、50代であると思い込ませるために、彼らが現在の自分の姿を直視しないですむよう、その実験部屋から鏡など、実際の年齢を想起させるものをいっさい除去しました。

この実験は、イギリスBBCでも放映されています。

そして結果はといえば、実験開始からたった5日間で、参加した高齢者たちの**視力、**

聴力、体力、手先の器用さ、見た目、総合的な認知能力などに、明らかな若返りが見られたのです。

しかも被験者の中には、1年半前に脳卒中を起こして歩けなくなっていた88歳の男性もいましたが、彼は、なんと**自力で歩けるまでに身体機能が改善**していたのです。

この実験は明らかに、**「人間は『自分は若い』と思い込むことで、実際に心身が若くなる」ことを証明**しました。

信じられませんか？　では、ちょっとあなた自身で試してみましょう。

自分は今、17歳か18歳だと、強く強く思ってみてください。

さあ、思い出してきましたか？　あの若かりしころの気持ちや感覚を。

すると今、なぜか背筋がスッと伸びて姿勢がよくなりませんでしたか？　ほんの一瞬でも、心や体に力がみなぎるのを感じませんでしたか？

この行為を一瞬だけではなく、24時間ずっと、自分は若いと思い続けたらどうなるでしょうか？　毎日そう思い続けたら？

明らかに、心身は若くよみがえるはずです。

「もう年だな」とか「年齢の自覚」が決定打に！〝病は気から〟は、老化にも当てはまる

人は「実際の肉体の老いを感じて」というより、むしろ**「年齢を自覚するせいで」老いてしまっている**ところがあります。

たとえば、学生時代にピアノやギターを弾いていたけれど、「社会人になってから、忙しくてやめてしまった」という人は多いでしょう。

そういう人は、今はもう昔のように上手には弾けないかもしれませんが、それでも再び練習を始めれば、案外と早い段階で以前のレベルに戻ります。

体はかつての感覚を覚えており、ハードな運動とは違って楽器の演奏などは、スキルも復活していくものだからです。その後も練習を続ければ、だんだんと「昔の自分」よりも上達していくかもしれません。

ただ、当時のようにメキメキ上達したり、すぐに楽譜を覚えて弾きこなしたりする

ことが少々難しくなったことを実感した場合、つい、こんなふうに思ってしまいます。

「若いころは、もっとスラスラと演奏できたのに、私ももう年だな……」

「自分も70歳か。いつのまにか、ギターまで弾けない年齢になったんだな……」

そうやって「老い」を嘆けば、たちまちモチベーションは下がり、練習することさえ嫌になってしまいます。すると上達はさらに遅くなり、あげくの果てには、楽器未経験にもかかわらず地道に練習を続けた同年代の人に追い越されてしまう。それでさらに**老いを痛感して、老け込む**——という悪循環にはまっていきます。

要するに、ハーバードの反時計まわりの実験から導かれた「若さを持続するために大切なこと」とは、これです。

「年をとったから、もう若いころのようにうまくできない」などと、年齢をまざまざと痛感させられるような機会は極力減らして、「今も、若いころのようにできる！若いころと変わらない」という「思い込み」を維持すること——。

そして、そのためには、年をとったことを感じさせるような事象は、周りから排除したほうがいいのです。

若返りに、大掛かりなセットは不要。思い出の場所はむしろ、老いの危険を呼び込む

反時計まわりの実験結果から導かれた「自身が老いたことを意識しないために、年齢を感じさせる事象は排除するほうがいい」という考え方は、うなずけます。でも、だからといって、この実験室のように、20年前に戻ったかのような環境で生活することも、鏡など姿が映るものをいっさい周りから排除することも、現実には不可能でしょう。さらに、実験のように周囲の人間もそれに合わせてくれたらいいのですが、そんなことは絶対ありません。

また、中途半端に昔懐かしいものに触れれば、つい、「あのころはよかった」というノスタルジックな感覚に陥りがちです。そんな感傷的な気持ちは、自分が老いたことをより痛切に意識させる危険性があります。

過去を強く想起すれば、同時に、現在の自分や自分をとりまく世界が大きく変化し

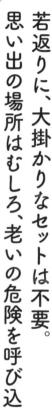

てしまったこともまた、意識してしまうものです。普段、そんな変化を意識していなかった人ほど、老いを一気に感じてしまうこともあるでしょう。

現実社会ではこうしたリスクがあるので、ハーバードの実験で用いたような環境に変えるべきではない、というのが私の考えです。

あなたの中にも必ずある、"若返る力"を目覚めさせる、こんなコツ

心身を若返らせるために、ことさら実験のような装置など不要！　と私が断言するもう一つの理由は、**人間には、意識さえ変わればいくらでも若返る力が備わっているからです。**しかし、逆のことも起こり得ます。

出版社の編集者に聞いた話が、いい例なのでご紹介しましょう。

見た目は40代くらいで若々しく、これまでずっと若者に向けた本ばかりを書いていた作家が、そろそろ新規路線の開拓をしようということで、高齢者向けの本の執筆を

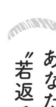

はじめたそうです。

数カ月後、完成原稿を受けとるために久しぶりにお会いしたら、あの若々しかった作家が一気に老け込んで、すっかり後期高齢者のような見た目になってしまっていたので、編集者はびっくり仰天したそうです。

その作家は、高齢者向けのテーマに真摯《しんし》に向き合い、高齢者について四六時中考えているうちに、自分の年齢を強く自覚し、「老い」をしみじみと意識してしまったのでしょう。――しかし、その結果、完成した原稿は素晴らしい内容になっていました。

要は、わざわざ周囲の環境を変えなくても、自分が思い込んだ年齢のとおり、心身の年齢は変われるということです。

最近は、テレビやラジオの視聴者が高齢化したせいか、多くの放送局で「昭和の歌謡曲」の特集が組まれています。

昭和歌謡を「懐かしいな」と感じてつい聴きたくなる気持ちはわかりますが、**「昔はよかったな」「あのころは……」なんて感傷に浸ることは、老いを自覚し、**自分が年をとったことを痛感してしまうために、**どんどん精神的な若さを奪っていきます。**

だから、若いころによく聴いた音楽を聴いたり、若いときに訪ねた場所に行ったりして懐かしさに浸ることを、私は推奨しません。

音楽などは極力、「今の流行り」を耳に入れるほうがいいでしょう。

そうした理由から、楽器を再度練習するときも、昔よく演奏していた曲は避けて、今どきの新しい曲を演奏するようにすれば、意識を若く保てるのです。

懐メロはNG！でも、若いころに観た映画や本はOK！その納得の理由は？

懐メロはNGですが、昔に読んだ本や、過去に観て感動した映画を、年をとった現在もう一度体験してみることは、おすすめです。

一度読んだ本や観た映画を再び味わったところで、面白くないのではないか？

いえいえ、そんなことはありません。映画や本の場合は、印象的な個所は覚えていても、ほかの部分を憶えていないことがほとんどでしょう。

懐メロとは何が違うの？　音楽は感情に訴え、当時の感傷的な気分や、もう戻ってこない青春や切なさをよみがえらせがちであるのに対して、本や映画のいいところは、ただ「懐かしいな」では終わらないところです。

もちろん、読んだり観たりした当時の感情を呼び戻されはしますが、それよりも**今の視点で新しい学びや発見、感動を得ることのほうが圧倒的に大きくなります。何度読んでも何回観ても、その都度その都度、新しい発見や学びを得られる**のです。

「あのときは理解できなかったけれど、今ならこの登場人物の判断が正しかったことがよくわかる」「そうだ、こうしたやり方もあったのを忘れていたな……」などなど。

変に感傷的になりすぎずに、当時の自分の発見や学びの感覚を現在の自分に呼び戻しながら、さらに新たな発見や学びが上書きされていくので、**「若返り」には効果的**な影響を及ぼします。

私自身、若いころから現在まで何度も読み返している本が2冊あります。

両方ともロシア文学の作品で、1冊はツルゲーネフの『初恋』。青春を懐かしむ物語ではありますが、高齢になった現在読むと**「時間を大切に使うことの重要性」**を思い出させてくれます。

もう1冊は、チェーホフの戯曲『桜の園』。彼は医者だったので、**「ある病気にいろいろな治療法があるときは、治す方法がまだ見つかっていないことを意味する」**という文句が出てきます。

私は医学者としてこの言葉に非常に感銘を受けたため、いまだに何度も読み返すことになっているわけです。

映画やテレビドラマは、インターネットの配信サービスを使えば、かなり昔の作品も観ることもできます。昔の本は、古書店やネットで中古品を探すことになりますが、購入すれば長い空白の時間を埋めることもできます。

ぜひ時間があるときに、試してみてください。

すぐに手の届くこんな明日の夢からでいい。それが気持ちを前向きに変える、本当の秘訣

若々しくあることとは、自信になります。しかし、人が自信を持てるのは、ただ肉体が万全であるときばかりではありません。

多少、体が衰えたとしても、「人から必要とされている」という実感があれば、若いころと同様に、夢や希望を活力にして前に向かっていけるものです。

私は、すでに大学は引退しており、若いころに比べたら世の中に対してできることも限られてきています。でも、本の執筆依頼を受ければ、体力は衰えていても「ちょっとは頼られているのかな」と自信になり、そこから、「たくさんの読者に読まれる、いい本にしたい」「そして次の本、その次の本へと、仕事を継続していきたい」と、どんどん夢はふくらんでいくのです。

そんな小さな「希望を紡《つむ》ぐこと」や「自信を育《はぐく》んでいくこと」こそ、若さや体力に

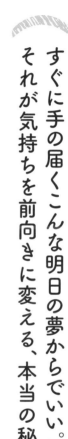

頼らずに気持ちを明るく前向きにする本当の秘訣なのです。

だとしたら、あなたはどんな夢や希望によって、よりよく生きる活力を生み出すことになるのでしょうか？

力んで、難しく考える必要はありません。

たとえば、「独立して社長になりたい」だとか、「成功してお金持ちになりたい」などという大層な夢は、若かりしころならともかく、年をとった今、本気で実現させたいと願う人は少ないでしょう。

それよりも、「孫と一緒に、楽しい時間をすごしたい」とか、「身内や友人にもっと頻繁に会いたい」「習いごとでつくっている切り絵の作品を、美しく仕上げたい」など、もっとずっと身近で簡単な夢や希望でいいのです。

そして、重要なことは、「その夢を叶えることで、人から必要とされる」という実感を持つこと。

孫を預かって、一緒に楽しい時間をすごすことで、「夫婦水入らずの時間ができる」と、お子さん夫婦に喜ばれるのなら、孫と一緒に、楽しい時間をすごすという夢を叶えようという意欲は、いっそう湧いてくるでしょう。

身内や友人にもっと頻繁に会うことで、「ちょっとした困りごとの手助けをしてあげられる」とか、習いごとでつくっている切り絵の作品を美しく仕上げることによって、「発表会でたくさんの人の目を楽しませてあげられる」のであれば、人と頻繁に会う意欲も、作品を仕上げる意欲も湧いてくるはずです。

そんなふうに、身近な夢や希望を持つことで、人生は充実していきます。

たとえば「孫と楽しく食事をする」という夢がラクラク叶う人の、誘い方の秘密

「子どもや孫と一緒に楽しくすごす時間を持ちたいという夢や希望はあるけれど、子どもたち夫婦は、最近、薄情でなかなか会いに来てくれないんだよ」

もしも、そんなふうに思っているとしたら、**相手の気遣いばかりに依存しているサイン**です。

たとえば、「最近、近所においしいレストランができたんだよ。今はステーキフェアで安くなっているから、よかったら食べに来ない？」なんて誘えば、お子さん夫婦は孫を連れて来やすくもなるでしょう。

妻や夫が喜びそうな旅行のプランを考えたり、あるいは友人が参加できそうなイベントを企画してみたり……。

たとえ実現しなくても、そういったことをワクワクしながら調べたり、いろいろな案をひねり出したり計画したりすることが、思考を若き日に戻していくのです。

逆に、「自分なんて必要とされていないんだ」と思えば思うほど、夢を実現させるアイデアを生み出す思考は止まります。やることもなくなって、ただ「食事をして寝るだけの人」になってしまい、本当につまらない毎日、そして情けない自分、という暗い思いが募ってしまいます。

ちょっと工夫すれば、すぐに叶えられそうな夢や理想、そして自信を持ち続けることが、気持ちを浮き立たせるためには重要――このことを知っておいてください。

Chapter

2

遊び心を忘れない

——人に好かれて「また会いたい！」と思われる妙薬

年をとったから
遊ばなくなるのではないわ。
遊ばなくなるから年をとるのよ。

ヘレン・ヘイズ
（1900〜1993　アメリカの女優）

こんなに身近に〝いいモデル〟が！　〇〇のようにリラックスし、〇〇のように遊ぶ

「Relux like a cat.（猫のようにリラックスしなさい）」
「Play like a dog.（犬のように遊びなさい）」

これらは、欧米でよく使われる言い回しです。

私がアメリカにいたとき、周りの人は**「あまり根を詰めて仕事をするなよ。アメリカには昔から〝猫のようにリラックスし、犬のように遊べ〟という言葉もあるぞ」**と教えてくれました。ただ、「Play like a dog.」には、「獲物を狙う」という意味もあるので、「よく働け」という解釈にもなります。

いずれにしても、猫がくつろいでいるときは、本当に自由気ままにのんびりしているようですし、犬が遊んだり獲物を追ったりするときは、無我夢中でとても楽しそうです。どちらの状態もストレスフルには見えないし、それは犬や猫が年をとっても変

わらないことでしょう。

猫も犬も好奇心の塊《かたまり》であり、今この瞬間だけを生きています。猫が昨日自分がしたことを悔やんでいるようには見えませんし、犬が明日のことを心配しているようにも思えません。

猫や犬を飼っている人は、飼っていない人に比べて、より健康で、より寿命が長くなることが、研究によって明らかになっています。一例として、2017年にスウェーデンのウプサラ大学が発表した、「犬を飼っていると心臓病のリスクが減る」という調査結果があります。

確かに犬を飼っていれば、ほぼ毎日、彼らを連れて散歩をするので、適度な運動量が保たれることは大きな要因でしょう。それに散歩中には、同じく犬を連れた人々に出会って会話する機会も増え、孤独感が癒やされる面もあります。人は孤独感を抱くと、死亡率が高まるという研究データがあります。もちろん、ペットそのものにも、孤独を癒やす力があるでしょう。けれども、寿命が長くなる理由は、それだけではないと私は思うのです。ペットたちの無邪気な行動を目にすることで、彼らから**「遊び**

心」を日々学んでいけることが大きいと思うのです。

「遊び心」は、確実に私たちの「健康寿命」、つまり、心身ともに自立して介護を必要とせずに健康的に生活できる期間を長く延ばしてくれます。

そのことに気づいていたのが、本章の冒頭で名言を紹介した女優のヘレン・ヘイズです。

もう嫌だ！ と辛くなったら思い出したい、ブロードウェイのファーストレディーの言葉

「年をとったから遊ばなくなるのではないわ。遊ばなくなるから年をとるのよ」

ヘレン・ヘイズは、こう言いました。

彼女は5歳で子役として華やかな舞台にデビューし、9歳でブロードウェイへ進出。大人になってからはアカデミー主演女優賞や助演女優賞、エミー賞、またグラミー賞も受賞した、「ブロードウェイのファーストレディー」の愛称を持つ大女優です。

しかしその人生を見れば、決して幸福なものであったとは思えないのです。彼女の夫は60歳で死去し、娘も10代にしてポリオで亡くなっています。トップスターへの道をライバルたちと競い、欲望渦巻くシビアな映画界で常に大きなストレスにさらされているうえに、家族を早くに亡くしているのですから、悲しみのあまり心を病んでしまってもおかしくなかったでしょう。

それでも彼女自身が92歳まで、心身ともに健康でキャリアを積み重ねてこられた理由は、「遊び心」を失わなかったことが大きかった、ということでしょう。

これだけの苦難を乗り越えてきた彼女自身が、人生を振り返って分析したことですから、そこには、私たちにも参考にできる真理があるはずです。

若いときは、スポーツやゲーム、アニメ、マンガと、遊びそのものに対する意欲や情熱を燃やしているものです。さらに、「あえて不自由なバックパック旅行」にチャレンジしたり、「大変なことはわかっているけど起業」にチャレンジしたりする、人生の波乱万丈を楽しむ遊び心にもあふれています。

しかし年をとると思うように体は動かないし、人間関係も希薄になってきたし……ということで遊びに対しての意欲も、あえて逆境を楽しむ遊び心も薄れていきます。

それでも決して、遊び心を失ってはいけません。

遊び心こそが、いつまでも心身を晴れやかで強く保つための、妙薬になります。

あのビル・ゲイツが人生後半でついに悟った「人生で2番目に大切」なことが、意外すぎる！

マイクロソフトの創業者、ビル・ゲイツは、人生において大切なこととして、次の三つを挙げています。

第1は、「仕事を持つこと」。

第2が、「遊び心を持つこと」。

第3が、「忍耐」。

世界のトップ企業を起ち上げ、ビジネスに人生を捧げた経営者ですから、「仕事を持つこと」は何よりも大切だと考えるのは納得がいきます。さらには、成功を手にする過程で「忍耐」も本当に必要だったはずですから、この二つはよくわかります。

でも、この二つの間に割って入っているのが、まさに**「遊び心を持つこと」**です。

そこには、いったいどんな心理が込められているのでしょうか？

実はビル・ゲイツには、人生で大きく後悔していることがありました。それは、大学時代のすごし方です。

彼はハーバード大学に入学したのですが、当時からコンピューターにしか興味がありませんでした。新しいソフトを開発して起業することしか考えていなかったのです。そのため、コンピューター以外のことは勉強せずに、大学時代の貴重な時間のすべてを会社の起ち上げに費やし、そのまま大学を中退してしまったのです。

スポーツも満足にできなかったし、文学や哲学など、人生を豊かにしてくれる学問を十分に勉強することもしなかった。また、交友範囲も極めて狭く、自分の仕事に関係する人としか付き合わなかったようです。せっかく才能豊かな人々が周りに多くいたにもかかわらず、です。

50代になった2007年、ビル・ゲイツは、中退したハーバード大学の卒業式に、名誉学位を授与されるために出席しました。それでようやく、やり残したことを少しだけとり戻したと、喜びを表明しています。

とはいえ、失った時間は、もう返ってきません――。

ビル・ゲイツのこの「仕事一筋で来たことへの反省」は、**どんなに成功しようが、ただ目指す目標を一目散に追いかけ、達成するだけでは、人生が満足のいくものにならない**ということを伝えています。

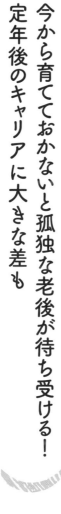

今から育てておかないと孤独な老後が待ち受ける！定年後のキャリアに大きな差も

「遊び心」について定義をすれば、それは単に、旅行やスポーツ、ゲームなどの娯楽としての遊びをしましょう、という意味ではありません。そうした純粋な遊びも、したほうがいいのはもちろんですが、**「遊び心」を持つとは、〝自動車のハンドルの「遊び」〟のように、気持ちに余裕を持つという感覚が近い**でしょう。

想定外のことや経験したことのない分野、そして新しい出会いなど、どんなことも面白がり楽しむ余裕を持つ――これが何より大切なのです。

忙しくて心に余裕がないとき、私たちは人から何かに誘われても、「時間がない」と断ってしまいます。用事のない人とは会おうとしないし、誰かと話していても「無駄な話をしている時間はない」なんて焦燥感にとらわれ、冗談の一つも言いません。冗談こそは、しんどいことに立ち向かう際に力をくれる、「遊び心の最たるもの」なのに！

ましてや、目の前の仕事とは関係のない分野の本などを、興味の赴くままに読む余裕などない人が大半ではないでしょうか。

でも、それでは、人生がやがて行き詰まってしまうのです。

ビル・ゲイツの言っていることは、私にもなんとなく理解できます。

実際、私自身が医学の道を志してからは、あらゆる娯楽を我慢して、楽しそうに青春を謳歌する友人たちを横目に、勉強に集中しました。医学部の先生やお医者さんになった人には、同じような苦労をした人が多いでしょう。どんな大学の医学部であれ、かなりの難関です。それが東大や私学の名門医学部ともなれば、さらにいっそうの我慢と遊び心を厳しく排除する努力を強いられたことでしょう。

そうやって自分を厳しく律することを続けた結果、偉いお医者さんの中には、「遊び心」を失ってしまった人が多くいます。

でも、遊び心を失ってしまうと、年をとってからの気持ちの明るさやキャリアに、大きな差を生むことがあります。

どういうことでしょうか？

遊び心のある一勤務医の嬉しい老後、遊び心を失くした大先生のやるせない末路

医師や医学者の中には、テレビのコメンテーターとしてもてはやされ、本の執筆や

ら講演やらに引っぱりだこの方がいます。彼らはメディアを通して多くの人の健康増進に寄与し、皆が憧れる芸能人たちと共演し、視聴者に慕われ、とても充実した日々を送っているように見えます。

テレビでその様子を見ている医師や医学者たちの中には、自分もあんなふうに活躍したい、認められたい、社会に貢献したいと羨ましく思っている人も多いのではないでしょうか。

いったいどうしたら、あのような立ち場になれるのでしょうか？

有名大学の教授や大病院の院長などの要職に就かないと、無理なのでしょうか？

いえ、実際には、毎日テレビ番組で顔を見かける、タレント顔負けの活躍をしている医師でも、肩書きは個人クリニックの院長先生だとか、病院の勤務医だということはよくあります。

彼らはどうやって、マスメディアで発言する機会を得たのでしょうか？

それは、大学内の派閥や病院間のしがらみに縛られずに自由に発言や活動できる立場を生かして、情報番組やクイズ番組制作者などから求められた要望に対して、真摯に応えることによって、信頼を築き上げてきたのです。

テレビやラジオといった人目につく表舞台に立てば、しゃべり方がヘタだとか、服のセンスが悪い、テレビ映りが悪いなどと、本業とは関係のないことで落ち込むような批判をされることがあります。

でも、彼らはそういう**シビアな経験や批判にも、遊び心を持って明るく立ち向かい、**「おカネをかけずに健康的にやせる方法を教えてください！」といった要望にも、下世話でくだらない質問だとは考えず、期待に応えようと努力してきました。

かくいう私も、東大の教授などではなく、浜松医科大学という地方の大学の一教授というポジションでしかありませんが、遊び心を持って、いろいろな仕事を受けてこなしてきた結果、88歳になった今でも、こうして医学の専門書ではない、大勢の悩める読者に向けた本を自由に書く仕事をいただけるようになったわけです。

ところが、研究や臨床一筋で、医大の学長や大病院の院長になった人ほど、メディアやほかの分野で楽しく活躍することができなかったりします。

なぜなら、学長や院長になるための専門的な医療知識を得ることだけを目指して、それ以外のことにはいっさい目もくれずに来たからです。つまり、わかりやすく本を書くスキルや、老人や子どもにも興味を持たれる話し方のコツを持っていません。

そういう方がメディアから、「60代の人向けに、3分でできるお手軽アンチエイジング法を教えてください！」などといったコメントを求められたら？

きっと、難解な専門用語が山盛りのコメントをするでしょう。そして視聴者は理解できないし面白くもないから、すぐにオファーが来なくなります。

また、本業一筋で定年を迎えてしまった学者が、さあ、明日から仕事がない、「じゃあ、本でも書こうか」と思い立ったとしても、その原稿は、読むそばからいびきをかいて寝てしまう人が続出するであろう難しい話ばかりでしょう。

どの出版社からも出版を断られ、やがて直面する厳しい現実を嘆いて、うつになってしまうのです。うつになることを免れたとしても、誰からも相手にされず、毎日ぶつくさ文句を言う、不満ばかりの老後を迎えるはめになるわけです。

どうですか？　遊び心を持って、いろいろなことにチャレンジし、専門外の分野へ寄り道することで得る経験の大切さを、ご理解いただけたでしょうか。

もちろん、今からでも遅くはありません。

さあ、今日はこれから何を楽しみましょうか？　今まで目を向けなかった新しいことに遊び心を持って臨みましょう。忙しい毎日になりますよ。

わき目も振らずに、この道一筋で来た人が今から徹底して練習すべき生活態度

先の例に挙げた医学者と同じようなことは、おそらく一般の会社勤めをしてきた多くの人にもいえるでしょう。

その昔は終身雇用が当たり前でしたから、今、「高齢者」と呼ばれる年齢にさしかかっている方の中には、ずっと一つの会社に勤め続け、一つの仕事をひたすらやり続けた方も多いでしょう。

決して仕事の虫だったわけではなく、仕事を終えればお酒も飲んだでしょうし、休日にはレジャーも楽しんだでしょう。それでも、その自由な時間を使って、**自分の仕**

事とは関係のない知識を身につけ、技術を学ぶような機会は、なかなかつくることはなかったことと思います。

そして現在、いつまでも会社に面倒を見てもらえる時代が終わり、経済的には定年後の再就職を求められる時代になってしまった……。

こんなご時世に、一つの会社で、一つの仕事や一つの分野しか経験してこなかった人は、自分を生かせる納得できるような仕事を見つけられなくなっているでしょう。仕事の選択肢が少ないうえに、人間関係も会社一筋で培《つちか》った狭い人脈しかないので、新しいことやワクワクすることに巡り合う機会にも恵まれなくなっています。

そうした人は、どうしたら人生の後半から、楽しめる趣味や心満たされる人間関係を持つことができるのでしょう？

あるいは、**出世やお金のために、人を蹴落とすことを当然と考えてきた人が、遊び心を持って、周りの人と楽しく関われるようになるには？**

いきなり遊び心を持った生き方に変えろと言われても、すぐに人生を一変させることは簡単ではないでしょう。

それでも、散歩しているときに見つけた新しいお店に意を決して入ってみることや郵便の配達をしてくれた人とちょっと雑談をしてみることなどは、できるでしょう。

私は、美術館とか百貨店が開催している美術展や催し物によく行きますが、それだけでも、単調な日々がずいぶんと格調高くなったように感じられるものです。

また、友人と食事をする際に、**いつも同性ばかりで集まっているならば、たまには異性を何人か交えたり、話すと楽しそうな仲間を新たに誘ったり、その道に詳しい人に、ちょっとレクチャーらしきものをしてもらったり**してみてください。こうした小さな工夫で、マンネリ気味だった日常が一気に遊び心にあふれた新鮮な彩を放つものに変わるのです。私も、こうした工夫や変化を求めることで、いまだに新しいつながりや、思わず笑ってしまう面白い出来事に事欠きません。

井戸端会議だろうが、散歩での出会いだろうが、これまで無駄と思ってやってこなかったことを少しだけ実践してみることから、遊び心はどんどん育まれていきます。

こうして遊び心を育んでいった結果、老後の長い人生を豊かにし、健康や素敵な人間関係を手にした実例をご紹介しましょう。

華麗なる転身！ ワクワクが止まらない第二の明るい充実人生が開けたケース

これまで一筋に進んできた道とは違うことに「遊び心」を持ってとり組むと、自然と新しい第二の人生が開けていきます。

高校の校長先生をされていた人が、マンションの管理人になった好例があります。

傍《はた》から見れば、「もっと経験を生かせる仕事があるのでは？」なんて思うかもしれませんね。確かに、遊び心のない人だったら、校長まで務めた私がなぜマンションの廊下の電球を替えなきゃならんのだ？ なんて思って仕事に楽しさを見出そうとはしないでしょう。

ところが、彼の場合は校長時代に培った物腰の柔らかさを生かし、居住者たちに明るく優しく話しかけることで、皆から愛される存在になったのです。

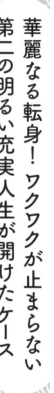

「管理人さ〜ん、おはようございま〜す！」なんて、子どもたちにキャッキャッと明るい声をかけられながら、笑顔でマンションの玄関の掃除をしている姿を見れば、今の仕事をとても楽しんでいるんだな、とわかります。皆から頼りにもされています。

大手ゼネコンの取締役まで経験した人で、今は駐車場の警備員をしている方もいます。さぞかし、今の立場に不満を持っているんだろうなと思いきや、ゼネコン時代に培ったマネジメント力を生かし、若いアルバイトさんから「師匠」なんて呼ばれて慕われ、人生相談までされている。それでいて、ときに若い人にからかわれたりもして、笑顔があふれ、現在を楽しんでいるなぁと感心します。

アメリカのウェストバージニア州で、「ゲズントハイト・インスティチュート」という有名な病院を運営する、ハンター・ドーティ・アダムスという著名な医師です。本名よりも、その伝記映画『パッチ・アダムス』の題名のとおり、パッチ・アダムスという通称のほうが有名ですね。

彼は「臨床道化師」などと呼ばれるように、院長なのにピエロの格好をして、ひたすら患者さんを笑わせることに徹しています。

これはまさに彼の遊び心で、そうしたケアに癒やされて多くの患者さんがどんどん健康になっていくことから、彼は世界各国で講演をするようにもなりました。

なぜ、ピエロの格好なのかといえば、彼自身がうつになったとき、「笑うことで助かったことから、それを多くの人にも」——という理由で始めたのだそうです。


ゼロから始めても、こうした幸せな未来はあり得る。だから、今まで遊び心を持つ機会が少なかったのなら、これから持てばいいのです。自分の態度次第で、長い人生を明るく朗らかに、豊かにすることはいくらでもできます。

日本人の平均寿命は、男性が約81歳で、女性が約87歳。

今60歳の人は、まだまだ20年から30年の人生があり、それは、生まれたての子どもが、遊び心たっぷりの大人に成長するほどの十分な時間なのです。二度目の青春を謳歌するチャンス到来！　ですね。

Chapter

3

過去のことは思い出さない

――穏やかに心が整う「悟り」の妙薬

いいえ昨日はありません
今日を打つのは今日の時計
昨日の時計はありません
今日を打つのは今日の時計

三好達治《みよしたつじ》（1900〜1964　詩人）

心が曇る過去は、思い出さなくていいんです。「過去は存在しない」と偉人たちも断言してます

　右ページは、三好達治の「昨日はどこにもありません」という詩の一節です。
たとえば今、時計が午後6時の時を告げるとき、それは必ず「今日」という日の午後6時です。昨日の午後6時を知らせることはありません。
昨日の時間を告げる時計なんてものはない。

　つまり、昨日や一昨日という過去の時間は、机の引き出しの中にも、ゴミ箱の中にも、どこにもないのです。**私たちの記憶の中にあるだけで、現在の時間軸のどこにも存在していません。**だから、思い出しさえしなければ、そんな過去は消えてなくなります。**もし、思い出すたびに心が曇《くも》るような過去があるなら、思い出す必要はないのです。**過去を思い出さなければ、毎日、まっさらな新しい今日を生きる人になれます。

　そして、詩は、次のように続きます。

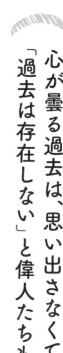

今日悲しいのは今日のこと
昨日のことではありません
昨日はどこにもありません
今日悲しいのは今日のこと

いいえ悲しくありません
何で悲しいものでせう
昨日はどこにもありません
何が悲しいものですか

この詩と同じように、「過去なんてものは存在しない」と説く教えは、数多くあります。主だった東洋のものを紹介しておきましょう。

よいことも悪いこともすべて思い出さず

山田無文《むもん》老師（1900～1988　臨済宗《りんざいしゅう》の僧侶）

君子は事来たりて心始めて現る　事去りて心随《したが》って空《むな》し

洪自誠《こうじせい》（16～17世紀　明代の著作家）

忘却は心を洗う石鹸なり

谷口雅春《まさはる》（1893～1985　宗教団体「生長の家」創始者）

過去は引き出さなければ存在しない

中川宋淵《そうえん》老師（1907～1984、臨済宗の僧侶）

世の中は　ここよりほかはなかりけり　よそにゆかれず　わきにゃおられず

世の中は　今よりほかはなかりけり　昨日は過ぎつ　明日は来たらず（元は今様）

山本玄峰《げんぽう》老師（1866～1961　臨済宗の僧侶）

禅の本質「いいことも悪いことも思うな」。悟りを開いた慧能の真意とは？

「過去のことを思い出さない」という言葉に、とくに禅のお坊さんの言葉が多いのは、禅には「前後際断《ぜんごさいだん》」といって、「過去と現在は別ものなので、今の時点で過去を変えることなど誰にもできない。だから、過去を思い返して悔やむことはやめなさい」という教えがあるからです。

思い出して嫌な気分になるようなら、どんな過去も振り返る必要などないですよ、というわけです。

ここで、禅のお坊さんの有名な話も、ご紹介しておきましょう。7世紀の中国、南《なん》宋《そう》の時代の慧能《えのう》という僧侶の話です。

禅はそもそも、インドに生まれた達磨大師《だるまだいし》が5～6世紀に中国へ伝えたものとされています。ちなみに日本に禅宗が伝来したのは、12世紀に臨済宗を開祖した栄西《えいさい》が、中国で禅を学んで帰国してからです。このとき栄西によって、「喫茶」の習慣も日本に持ち込まれました。

その禅の初祖の達磨大師から数えて6代目が、慧能という人物です。

彼は貧乏な家の生まれで、薪《まき》を売って母親を養っていました。それがあるとき、お経を聞いたのをきっかけに急に禅に目覚めます。無学で文字も読めない段階から勉強を開始し、やがて悟《さと》りを開いて、ついに中国禅宗の六祖になりました。中国で禅が発達したのは、この慧能の功績が非常に大きかったのです。

五祖であった弘忍《ぐにん》禅師は、一介の田舎者だった慧能に六祖を嗣《つ》がせることに反感を持った古株の弟子たちが慧能を殺すかもしれないことを案じ、こっそりと衣鉢《いはつ》（衣と食器のことで、後継の証《あかし》）を慧能に渡しました。そして、それを持ってこの場から逃げるようにと告げ、慧能は、言われたとおり法具である衣鉢を持って寺から姿を消します。

六祖の座を狙っていたほかの師匠や弟子たちはそれに気づき、必死で慧能を捜し回り、ついにある山の頂上で彼を見つけ、追い詰めます。そして、師匠や弟子たちがそこに置いてあった、後継の証である衣鉢を持ち上げて奪おうとしましたが、まるで地面にくっついているかのようにまったく動きません。それを見て、慧能は言いました。

「それを持っていきたいのなら、持っていけばいい。ただ、衣鉢は仏法への信を表しているのだ。力で持っていこうとしても、動かすことはできないだろう」

その言葉を聞いた僧たちは、すでに慧能が悟りを開き、新たな大師になったことを確信します。そこで弟子の一人が、彼に尋ねます。

「禅の本質はなんですか?」

そして慧能が答えたのが、次の言葉だったのです。

「不思善不思悪《ふしぜんふしあく》」

「善=いいこと」も、「悪=悪いこと」も、考えてはいけない。

過去に起こった悪いことだけでなく、いいことも思い出してはいけない。過去を思うのではなく、現在のみに集中するのが、私たち禅宗の僧侶がするべきことだ、というわけです。

修行僧でもない我々は、「悟りを開こう」とか、「仏と一体になろう」なんて高尚なことを目指す必要はありません。ただ、禅では、過去のことを思い出そうとしなければ、人は仏の域に達することができる、としていることを知ってほしいのです。

禅を信仰するかしないかはともかく、過去を思い出すのをやめるだけで心の平安や幸福感を得られるのなら、非常に簡単でありがたい教えだと思いませんか？

「放っておく」ことが、なぜ最高の智慧なのか？心を明るく保つ、科学的にも正しい方法

「年をとると、思い出すことの9割が嫌なことだ」という説があります。

心理学の実験で、一つのキーワードから何か過去のことを思い出してもらい、それを3段階くらいの「いいこと」か「嫌なことか」で評価してもらうと、最終的に、約9割は「嫌なこと」になることがわかっています。

実験は、たとえば「友達」「兄弟」「勉強」といったキーワードから、何を思い出し

たか、で調査します。思い出した内容が「非常に楽しい」なら10点、「非常に嫌だ」なら1点とすると、何点ですかと尋ねるものでした。

たとえば、大学1年の時の旅行のことを思い出してもらうとします。すると、最初に出てくる回答は、「その旅行は楽しかった、いい思い出だ。10点中7点!」という感じで始まります。

ところが、引き続きその旅行の細部まで思い出していくうちに、「その旅行中に自分の悪口を言ったクラスメイトのこと」など、点数にすると4点くらいの嫌な思い出が増えていきます。

さらに思い出す時間が長くなると、「その後仲たがいした友人のこと」などを思い出し、結果的に2点や3点の「嫌な思い出」という低評価になってしまうのです。

このように過去の出来事をあれこれ思い出していくと、最終的に嫌いになった人たちのことを思い出す傾向が比較的強く、点数が下がることがわかりました。

実際の人生の出来事を詳細に振り返れば、いいことも悪いことも、どちらも同じように起こっているのでしょうが、どうしても嫌なことばかり長く記憶に定着してしまうようです。

ある説によると、悪い記憶を鮮明に残しておくほうが、今後同じような危険を回避しやすくなり、生き延びるのに都合がいいから、そうなっているのだとか。

ただ、現代は、それなりに安全に暮らせる時代になりましたから、過去の嫌なことばかりを思い出していたら、気分が沈むデメリットのほうが大きいでしょう。

それなのに、年をとると何もしない時間が多くあるものですから、どうしても過去の出来事を思い出すことが増えてしまい、そのたびにズルズルと芋づる式に嫌なことが想起され、気分はどんどん落ち込んでいきます。

映画やテレビドラマでは、高齢者が美しい過去の思い出に浸って懐かしむシーンが出てくることがあります。そんなシーンを観れば、美しい思い出に満ちた人が羨ましくなるかもしれません。「あれだけ素敵な思い出があるのならば、人生は相当に満ち足りているのだろうな」と。

いえいえ、とんでもない！

どんなに美しく華やかな過去を持つ人でも、人生は楽しいことばかりではなく、必ず、失敗や思い出すのも恥ずかしい記憶、嫌がらせや批判をされた記憶もあるものです。**過去の蓋《ふた》を開ければ、そうした不快な思い出が、いい思い出の何倍も多く自動的によみがえってきて、今日やこれからの気持ちによくない影響を与えます。**

開ける必要のない蓋を開ければ、たいてい後悔することになるでしょう。

だから、過去のことは、たとえ「いいこと」であっても思い出してみたところで、「今」をよくすることは難しい。過去の回想に、人生を心晴れやかに生きるための偉大なヒントなんて、まずないということになるのです。

ビートルズの有名な曲のタイトル『Let it be』は、**「放っておきなよ」とか「そのままで」**のような意味です。作詞作曲をしたポール・マッカートニーは、歌の中で、この言葉を「智慧《ちえ》の言葉」と称賛しています。

起こったことをいくら考えても結論は出ないし、繰り返しその痛みを味わえば心を傷つけるだけ。だから最高の智慧は、「何も考えずに放っておく」こと、ということになるのです。なんとラクではないですか！

笑ってください！ 過去に頼って大失敗した、恥ずかしい私の経験

放っておけばいい過去のことを放っておかずに、どうにかしようと足掻いてしまったせいで、余計に傷を広げてしまった経験は、私にもあります。

たとえば最近のこと。たまたま立て続けに何冊か本が売れたので、昔、教授をしていたころに医科学的な専門書を執筆していたある大手出版社の仕事も再開できたらいいなと思い、当時、編集長をしていた人に連絡をとってみたのです。

とはいえ、その人も相当な年齢になり、今は退職しています。それでも編集長までしていた人だから、今もまだある程度の影響力はあるのではないか？　昔のよしみで、出版させてくれるのではないかと考えたのです。

久しぶりに連絡をとって、そうした希望を伝えたところ、現在の編集長を紹介して

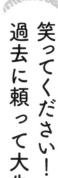

くださいました。私は期待しながら出版社まで足を運びました。

話し合いの結果、その新しい編集長さんからは、「売れるかどうか、市場調査をしてみます」と言われました。そして後日、彼から電話があり、淡々とした口調で告げられたのです。

「先生の話は独創的ではあるけれども、データを見るかぎり、本が売れている現状はありませんので、今回は見送りとなりました」

ガガ――――ン……！　自分が年齢を重ねてしまったこと、かつての名声を失っていることを痛烈に思い知らされ、うかつにも自分はショック死したかと思いました。

が、いやまだ生きていた……と気づくと、今度は「昔はあんなに売れて貢献してあげたのに、なんて冷たいんだ、こんちくしょう！」と、憤慨したわけです。

でも、私が間違っていたのは、昔との状況の変化を認識していなかったことです。

今はどれほどその出版社が医科学分野の書籍に力を入れているかもわからないし、スタッフもまったく変わっているのです。それに加えて、私自身の肩書きも、すでに大学教授のような立場ではなくなっています。「大先生が言うのだから、従ってお こう」なんて威光が効力を発揮する時代ではなくなっていたのです。

幸い、私が構想していたテーマの本は、のちにほかの出版社からエッセイ風にして刊行できることとなり、思いがけず新しい読者が得られてそれなりに売れましたから、ズタズタになっていた自信も回復してきました。

でも考えてみれば、そもそも、そんなふうに大げさに落ち込む必要などなかったのです。

景気のよかった時代に現役だった自分の過去を基準にしていたから、落ち込んでしまっただけです。

過去のよかったころに比して、今このちょっとシビアな時代に、〝知らない著者から、難しそうな学術的な本の企画が持ち込まれた〟という客観的な事実だけ見れば、その編集長の反応は、ごく当然のものだったでしょう。

結局、この経験から私が学んだことは、「過去のどんなつながりよりも、現在におけるつながりのほうが、よっぽど大事である」という事実です。

そう、本書が出せているのも、今、つながりのある編集者のおかげ、といつものごとく持ちあげておきましょう（笑）。ありがとう、感謝しています、三笠書房さん。

年齢を重ねれば、それだけ知識や経験、人脈は増えていきます。多くの出会いを通じてたくさん学んでいるはずです。でも、そうした**過去の知識や経験、人脈や金銭的な蓄えがあるからといって、今この瞬間の心が、晴れやかで前向きに楽しくなるわけではない**のですね。

――以上紹介した、この私のちょっとお恥ずかしい失敗談が、皆様の参考になりますように。

過去の遺産にすがって、過去が現在に何かいいことをもたらしてくれるのではないかと、虫のいい期待をするのをやめて、「今、できることをやろう」と、思ってみてください。

「誰かのために、自分に何ができるか」は、「今、自分にできること」や、「今つながっている人」の中から考えていけば、きっと思いがけない幸運に恵まれるでしょう。

Chapter

4

明日のことは考えない

——ラクをして「気が利く人になれる」妙薬

思うてせんなきことは思わず

関牧翁《せきぼくおう》老師
（1903〜1991　臨済宗の僧侶）

死んだあとのことなんて、知ったこっちゃない！今やるべきことは、これしかない！

「思うてせんなきことは思わず」

こう述べた京都・天龍寺《てんりゅうじ》の関牧翁も、やはり禅のお坊さんです。

この言葉の意味は、禅の最重要の教え「過去は思い出さない」というものに加えて、「いくら考えても結論の出ないこと、たとえば、どうなるかわからない将来について心配しても意味がないので、考えないようにしなさい」というもの。

過去を思い出すことはしない。未来についても考えない。

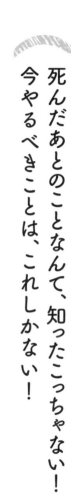

ただひたすら、今に集中して人生をすごしていくべきだというのです。

「過去を思わない」という教えと同様に、この**「未来について考えるな」**という教えも、関牧翁をはじめ、数多くの禅僧が述べています。

心配は、心くばりだからいくらしてもよい。
しかし、心を痛めるような心痛はするものではない

山本玄峰老師（1866〜1961　臨済宗の僧侶）

もの思わざるは仏の修行なり
人とたばこのよしあしは　煙となりて後にこそ知れ
七十よりは八十、八十よりは九十、九十よりは百　百よりは死んでから

至道無難《しどうむなん》禅師（1603〜1676　臨済宗の僧侶）

至道無難禅師の言葉は、「人間もタバコも、その役割を終え、煙になってからでないと真価はわからない。だから未来のことを悩んだって仕方がない」という意味です。もしそうであるなら、いちいち評価や評判などを気にしても仕方がありません。それこそ人の評価なんて、死んだあと、ほかの人間に任せておけばいいでしょう。私たちにできることは、今日の時間を精いっぱい生きることだけです。

こんな「妄想」に身をやつせば現実との、とんでもない落差に落ち込むだけ！

夢や空想、仮想現実を好むのは、国を超えて多くの人に共通する傾向でしょう。小説に、映画に、ゲームにと、人類は「未だ起こっていないこと」を想像することで、文化を発展させてきました。現実の人生がどうあろうとも、私たちは頭の中でいくらでも幸福な人生をつくりだすことができます。それは、おそらく私たち人間のみが持つ、人生を豊かにするための素晴らしい能力といえるでしょう。

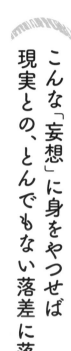

ただ、想像や空想に依存することには、問題もあります。それは、想像ではなく、妄想となるからです。

たとえば、1975年に発売されて大ヒットした都はるみさんの演歌『北の宿から』の歌詞には、「愛しいあなたに着てもらえることのないセーターを、悲しみの涙をこらえながら編んでいる」といった内容があります。（著作権の都合上、歌詞をそのまま掲載することを避けています。ご了承ください）

そんなふうに、決して着てもらえないとわかっているセーターを、必死に編む女性が、はたして現実にいるのか？　といえば、まずいないでしょう。

もし仮に、そんな一途《いちず》な女性がいたとしても、最終的に着てもらえないのなら、それはもう、思い出すのも辛い地獄の責め苦、鬼のお仕置きでしかないでしょう。

そんなひどい状況なのに、この歌にうっとりと聴き惚《ほ》れ口ずさむ人が多いのは、「恋する誰かを一心に思いながらすごす時間は、さぞかし満たされているだろうな」と妄想し、「そんな一途な恋ができたらよかったのにな」と、今まさに、自分がそんな一途な恋をしているかのような空想、仮想現実を楽しんでいるからです。

何が言いたいかというと、年をとれば「昔のようにはできないこと」がたくさん出てきます。それにもかかわらず、いつかテニスで日本一になりたい、エベレスト登頂を果たしたい、なんでもいいからギネスに載りたい、新しい恋愛をして子どもを授かりたい……と、あれこれ妄想する人がいます。

そうやって、ほんのひとときの妄想を楽しむだけならいいのですが、現実に戻れば、そのとんでもない落差が強く身にしみるもの。そして妄想にのめり込んでしまう人もいて、そんな人は現実に戻るたびに心が苦しくなるのです。次第に、そのことが原因でうつになる人も出てきます。

だから、禅の教えにあるように、あまりにも現実離れした遠い未来のことも考えないほうがいいのです。

まるで『あ・うん』。残念な人がうっかり抱く「こうなったらいいな」という妄想

向田邦子《むこうだくにこ》の小説『あ・うん』は、二人の男性と、一人の女性を主人公にした物語です。なんでも、夏目漱石の二人の弟子をモデルにしているそうです。

登場する二人の男性は、親友同士。そして女性は、片方の男性の妻です。3人とも

仲がよく、男性が夫婦の家に泊まったときは、3人で手をつないで、川の字になって寝ています。

そして実のところ、その男性（妻帯者）は、親友の妻に惚れているわけです。そして親友である夫が寝ているときに、妻に告白をする……。普通、そんなことを知ったら、その親友は男と絶交するでしょう。

ところが物語では、妻の配慮で、3人はずっと仲のいい状態を続けていきます。男二人の友情も、男女間の距離も、「こうあったらいいな」という理想の関係性が保たれていくのです。

はたして、そんな人間関係が現実に存在するのでしょうか？

ひょっとしたら、そんな関係もどこかにはあるのかもしれません。ただ、そうした3人の関係は、どう頑張っても長くは続かないでしょう。

そもそも、この関係性を「こうあったらいいな」と望む人とは、いったい誰なのでしょうか？

妻に告白する男性は、本音を言えば、友情が壊れたとしても自分の恋心を成就させたいはずです。当然ながら、妻の夫である親友はそんなことを望んでいません。ということは、この男性は親友の気持ちなど何も理解しようとしていないことになります。

もし夫がこのことを知ってしまえば、友人が自分の妻を奪うことを、常に恐れていなければならなくなるでしょう。いや、その前に、友人とは絶交するかもしれません。

二人の友情は、結局は欺瞞《ぎまん》の上で成り立っています。

そうやってちゃんと現実的に考えれば、この関係は、幸福な関係でもなんでもないことはわかります。それを「こうあったらいいな」と望んでいるのは、二人の気持ちを知っていてお互いに配慮している妻か、あるいはその関係性を空想して楽しんでいる、作者自身でしかありません。

結局、「こうあったらいいな」という状態は、「それを望んでいる一人の人物の頭の中にしかない妄想」なのです。

これは年をとると、皆がやってしまうことです。

この夏、孫が遊びに来たら、あそこに連れていってあげよう、会社の同僚に久々に会ったら話に花が咲くだろう、40年ぶりに学生時代の仲間たちに連絡をとって集まったら、皆、どれだけ変わっているだろうか？

想像するのは楽しいのですが、「相手がどう思っているか」は、わかりません。こちらが「会いたい」と願っていても、相手もそう思っているとはかぎりません。

それなのに私たちは相手の気持ちを勝手に決めつけ、その結果、「孫のつまらなそうな反応」や、「同僚に再会を断られた現実」、そして「かつての友人が、自分のことをまったく覚えていなかった事実」に直面して、がっかりしています。

がっかりするだけなら、マシです。

「退職したら、妻と世界一周クルージングをして、喜ばせてあげよう」と密かに計画していたのに、いざ妻に打ち明けたら、「行きたくない」と拒否されケンカになり、熟年離婚するに至った、などというケースはいくらでもあります。

こんなとき、「こんなに頑張ってきたのに、なんということだ、裏切られた！」と憤懣《ふんまん》やる方ないかもしれませんが、だからといって妻を責めるのはお門違《かどちが》いです。

誰もあなたを裏切ってなどはいません。

これもまた、「妻のこれまでの気持ち」や「妻の今の気持ち」に何も配慮せずに、独りよがりな未来を妄想してきた自分が招いた結果にすぎません。勝手に未来に期待しすぎている自分に非があるのです。

そうしたことに気づけば、これはもう、一つの悟りを得たようなものです。**いらぬ憤慨をすることがなくなり、今まで以上に相手の気持ちを気遣えるようになり、心穏やかにいられるでしょう。**

なるほど！ 未来に期待せず、こう「今を生きる」と人間関係が面白いほどうまくいくのか！

未来のことに依存しすぎないためには、どうすればいいのでしょうか？

それはやはり、「今」という時間に集中することです。

たとえば、妻を喜ばせようとして将来の旅行を企画するのは、妻が未来において喜ぶ姿を勝手に想像し、妄想していることにほかなりません。

そうではなく、たとえば**今、妻と会話をしたり、夕飯やランチに誘ったりして、喜**

ばすことを考えましょう、ということです。

そうすれば、妻が今、何を考えているのか、何に困っているのか、何をしたいのかがよくわかり、「自分は何をしたらいいのか」も考えやすくなります。

妻と結婚する前には、同じように、彼女の好みや気持ちをあれこれ察して、好きそうな場所やイベントのデートに誘うことを繰り返していたはずです。

そんなふうに、かつて「誰かと仲よくするためにやったこと」を、今また同じようにするだけでいいのです。

遠く離れた家族や古い友人たちに対しても、いつか会う未来のことを妄想する時間があったら、(電話は迷惑になるかもしれませんので) メールでもハガキでもいいから、今、現実にできる働きかけをしていけばいいのです。

たとえ色よい返事がすぐに返ってこなかったとしても、それによって、確実に自分のことを思い出してもらえます。

今日のその小さな行動こそが、いろいろな関係を強める手段になっていきます。

余計なことを考えない練習。禅もすすめる賢い方法

「今に集中する」という行為には、**余計なことを考えずに、ただ、自分が今やっていることにのみ、心を集中させる効果**もあります。

たとえば、年をとると少々難しいかもしれませんが、ドライブをすることで、不思議と気持ちがリセットされることがあります。

というのも、運転中は余計なことを考えると事故につながりますから、目の前の交通状況に集中せざるを得ません。すると、いったん「ほかのこと」を頭の中から排除できますから、頭にこびりついた妄想から解き放たれ、執着で凝り固まった頭を整理するのに役立つのです。

同じことは、軽い運動や、文章を書いたり絵を描いたりすることでもできますし、本や映画でも、あるいはゲームなどでもできるのかもしれません。

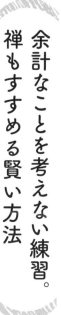

とにかく、そうした「日常を忘れて目の前に集中せざるを得ない活動」を、毎日の生活にとり込むといいでしょう。

禅にも「作務《さむ》」といって、雑巾がけや箒《ほうき》はきなどの掃除や、雑用に専念する修行があります。

こうしたことを「修行」と考えるのは、単調な作業に集中することで頭を空にし、心のわだかまりを解くことができるからです。

私も、机回りやトイレ、仏壇を毎日のように掃除しており、床や家具をきれいに磨き上げることに集中している間は、怒りや嫉妬などネガティブな気持ちを抱くことなんてありません。雑用に専念することで心は整理され、未来を妄想する時間は少なくなるのです。

そして雑用をする間は、間違っても過去に聴いていた音楽を流すのはやめましょう。古い記憶が掘り起こされれば、先に述べたように心はどんどん嫌な思い出に引きずられて老いていきますから。ぜひ、今流行りの曲や、今まで聴かなかったジャンルの曲を「遊び心」を持って聴くよう、チャレンジしてください！

結局、気持ちが軽やかな人は「一人を存分に楽しむ」のがうまい！

読書や運動、料理、掃除など、今できる「心を集中させる活動」をいくつか考えたら、その中から「自分一人で楽しめること」を選んで実践していきましょう。つまり、「一人の時間」をもっと充実させていくのです。

「パートナーと一緒に」とか、「友人と一緒に」という条件がつくと、結局、すべての楽しみは、一緒にいる誰かの状況に左右されてしまいます。相手が楽しんでいなければ、自分も楽しくありません。

確かに、誰かと一緒に飲みに行ったり、会話をしたりするのは楽しいものです。心を癒やす効果もあるでしょう。

でも、一人で飲むことも楽しめて、会話がなくても楽しめるほうが、人生は何倍も充実したものになるのは間違いないでしょう。何があっても、あなただけは決して、あなたのことを裏切りません。

私も妻を亡くしてからは、時間はかかったものの、一人で充実した食事をつくり、本を読んだり、映画を観たりして豊かな時間を楽しみ、こうして本を書くことで社会貢献もできるような満足のいく日々を送っています。

思うほど難しいことではありませんから、ぜひ試してみてください。時間は十分にありますから、慌てずに、毎日少しずつ前進していけばいいのですよ。

Chapter

5

自分に残されたものを大切にする

——「生涯、幸運が続く」妙薬

幸運を得るには、
自分が幸運だと信じること。
自分が持っているものを愛そう。

テネシー・ウィリアムズ
（１９１１〜１９８３　アメリカの劇作家）

失ったものではなく、今あるものに目を向けていますか？

テネシー・ウィリアムズといえば、『欲望という名の電車』や『熱いトタン屋根の猫』などの名作を残した、有名な劇作家です。

数々の賞を受賞しながらも、ウィリアムズの人生は不幸な出来事の連続でした。

同性の恋人を失ってからは酒や麻薬が手放せなくなり、孤独な境遇の中、その最期《さいご》は薬瓶のキャップを喉《のど》に詰まらせて窒息死しています。

それでも晩年の彼は、自身の孤独と向き合い、心を病みながらも数多くの名作を書き上げます。

彼の名言の**「幸運を得るには、自分が幸運だと信じること」**とは、そんな人生の中で、彼が自らに言い聞かせた言葉だったのでしょう。

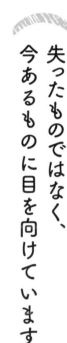

「人は人生を通じて多くのものを失っていく。年をとればとるほど、失ったものの数は多くなっていく。でも、失ったものは、いくら悔やんだところで返ってこない。だから、過去を振り返り、失ってしまったものを数えるのではなく、〝今、自分に残っているもの〟を大切にしていこう。年をとった今の自分に残っているものを活用し、残りの人生を楽しんでいこうじゃないか」

ということでしょう。

確かに、80代後半になっている私自身にしても、長い人生を通じ、多くのものを失ってきました。失った人間関係も多くあるし、昔のような地位も今はない。若いころに比べれば、肉体も自由が利かなくなっています。

それでも、私にはまだ老骨に鞭打《むち》てば、なんとか言うことを聞く体はあります。そして、たくさんの人とのつながりが薄れていった一方で、まだまだ私の本を出してくれる出版社もある。さらに出版社が世に出してくれた本を、お金を出して購入し、貴重な時間をかけて読んでくださる読者のあなたも存在しているわけです。

私は、この本を手にしてくれているあなたに、直接お目にかかれはしませんが、本当に感謝しているのですよ。どうもありがとうございます。

つまり、たくさんのものを失う一方のように思えても、まだ持っているものも数多くある。それがあるだけで、私たちは十分に幸せなのです。

あの日の「草原の輝き」より もっとずっと貴重な〝これ〟に目を向けなさい

名作映画の話をしましょう。

60年代にヒットした、エリア・カザン監督の『草原の輝き』という映画があります。この映画でデビューした俳優、ウォーレン・ベイティは、ハリウッドスターになりましたから、ご存じの方も多いでしょう。

映画『草原の輝き』は、イギリスの詩人、ウィリアム・ワーズワースの次のような詩を土台にしています。

草原の輝き　花の栄光
再びそれは還《かえ》らずとも　なげくなかれ
その奥に秘められたる力を　見出すべし（高瀬鎮夫訳）

「草原の輝き」も、「満開を迎えた花の栄光」も、まったく同じ状態は二度と戻ってこないけれど、そのことを嘆いてはいけない。

なぜなら、その奥に秘められている力は決して衰えない永遠のものだから。その力を見出しなさい。

だいたい、このような感じの意味です。

映画における『草原の輝き』は、まさに青春時代の美しい恋愛の切ない思い出を象徴するものでした。ヒロインのナタリー・ウッドは、高校の同級生ウォーレン・ベイティと恋に落ち、将来の結婚を誓い合います。しかし親たちは保守的で、二人の恋愛を認めようとはしません。

そんな恋に悩む中、ヒロインはワーズワースの詩「草原の輝き」の解釈を、授業で命じられます。

「若いときは誰しも恋に夢中になり、それがすべてのように思えてしまう。しかし青春時代は二度と戻らず、年をとると誰もが現実的になる……」

そんなふうに詩を解釈した彼女は、自身の恋が実らないことを悟り、泣きながら教室を飛び出して川に身を投げてしまいます。

幸い恋人に助けられて一命を取り留めた彼女は、精神的に不安定になって療養施設に入り、そこで心を病んだ医者の男性と愛し合うようになります。

一方の恋人は、無理に進学させられたイェール大学を中退し、大学の食堂で働く女性と結婚します。

やがて主人公の男女は故郷の牧場で静かな再会を果たしますが、かつての「草原の輝き」は、いまや思い出の中にしかありません。

二人は別々に現実の人生を歩むことになり、映画は幕を閉じます。

若き日の輝きは、二度と返ってこない。だから過去のことを振り返らず、「今」この現実を精いっぱいに生きていこう。人生は、自分で解釈したワーズワースの詩のとおりだった……。

『草原の輝き』のヒロインは、まさに自身の経験を通じて、そう悟ります。

しかし、お気づきですか？　彼女が詩の**後半の部分**を忘れてしまっていることに。

「**その奥に秘められたる力を見出すべし**」のほうが、人生においては、ずっとずっと重要です。

つまり、「若さがなくなったから、もうダメだ」ではないのです。若いころは、知識も経験値もなかったからダメだったけれど、今だからできることのほうが多いのが実際です。だから、**過去の経験は必ず現在の自分の成長に生かされている、その力に目を向けなさい。**高校生のころに観た『草原の輝き』を懐かしみながらも、**今こうしていろいろな選択ができる自分自身の成長を感じて生かして生きていけ**――ということなのです。

これは、本章の92ページのテネシー・ウィリアムズの言葉、「自分が持っているものを愛そう」という教えにつながります。

私たちはどう生きるか？ ある高僧かく語りき

辻雙明《そうめい》という禅のお坊さんが、『禅の道をたどり来て』（春秋社）という本を書いています。

その中に、彼が若いころに鎌倉・円覚寺《えんがくじ》の古川尭道《ぎょうどう》という高僧に「大学を卒業したら、どうやって生きていったらいいですか」と尋ねた経験が述べられています。

高僧の答えは、「七転び八起きだな」というものでした。

つまり、「7回失敗して、8回目で成功しなさい」ということ。

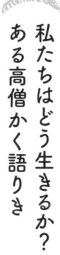

禅のお坊さんといえば、寺に籠《こ》もってお経を読んだり坐禅を組んだりする修行を重ね、ひたすら悟りを開くことを目指すイメージがありますが、それではいけない。むしろ、**実社会でたくさんの経験を積み、たくさんの失敗をするべきだ**、というのです。

経験を積み、失敗を重ねるほどに人は成長します。そうであれば、10代の、見かけだけが美しい時期よりも、60代、70代、80代と円熟していくほどに、人は輝いていけるということです。

『草原の輝き』のような青春時代の恋愛は、傍目にも美しく、情熱的でドキドキする心のときめきを感じさせます。長年連れ添った夫婦に、そんなものはもはや微塵《みじん》もないかもしれませんが、その代わりに、お互いの経験をもとに相手を思いやる、精神的に深い関係性を築ける可能性はあります。

それは仕事だろうが、趣味だろうが、あるいは、毎日のルーチンを繰り返すだけの単調に思える生活の中でも同じでしょう。

うっかりミスをしたり、人に馬鹿にされたり、感情的になって人を傷つけたりと、**たくさんの失敗をしながらも、それによって私たちは確実に成長しています。**

「過去より劣った自分」になっている人なんて、誰もいません。

「若いころの自分のほうが、現在の自分よりもよかった」なんて思う必要もありません。私自身は、体が言うことを聞かなくなれば、それを乗り越える新たな方法を見つけるきっかけになると思いますし、実際、そういう方法を見つければ、今も着実に自分が成長していると実感します。

そんな自負があるから、私は若い人からも元気に見られるのでしょう。それは、別に私が特別というわけではなく、心の持ちよう一つで、誰でもできることなのです。

今日は、足が痛くても上手に荷物を運ぶ方法を思いついた、今日は困っている人に声をかけてあげられた、今日も一つ学んだ……。人は年をとるごとに成長していく。

私たちは**いくつになっても、七転び八起きを実践して生きていけばいい。**

そして、**気持ちは日々、その「成長した部分」に焦点を当てておく**こと。そうすれば、昔と違う成長した自分に喜びを感じながら、毎日を快活に暮らしていけます。

どんな現役時代の実績も、実は無関係。今を明るく生きる人たちの、ただ一つの共通点

長年親しんできた俳優や歌手が引退したり、かつて国民を沸かせたスポーツ選手が亡くなったりすると、私たちは年をとることの悲しさを感じます。

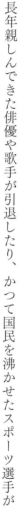

あの加山雄三さんや、シンガーソングライターの小椋佳《おぐらけい》さんが引退を宣言されたときは、私も寂しさを覚えたものです。

しかし、引退する人々がいる一方で、「年をとってなお、むしろ若いとき以上に活躍している人」も多くいます。

たとえば、ノーベル平和賞受賞者であり、かつてはアメリカ合衆国国務長官としても活躍した国際政治学者のヘンリー・キッシンジャーは、本書の校了間際、2023年11月に100歳でこの世を去りましたが、100歳を超えてなお、中国の習近平国家主席に会うなどして国際秩序の回復に努めていました。

メディア王として知られるルパート・マードックは、92歳でついに、フォックス・コーポレーションとニューズ・コーポレーションの会長を退任することを発表しました。

それでも彼はまだ〝名誉会長〟として会社に残り、「アイデアに関する議論には毎日参加する」としています。マードックは4人の妻との間に3人の子どもがおり、そのうちの一人にメディア帝国を承継させるつもりで、その育成に自分の新たな役目を見出しているのではないでしょうか。

こうした驚異的な活躍をしている人の例を挙げると、多くの人は、きっとこんなため息をつくでしょう。

「私は、人生を通じてたくさんの失敗や辛い経験をしただけで、そうしたすごい人たちのように、他人に誇れる実績は何もない」

大丈夫です、そんなことを気にしなくていいのです。

現在、立派に生きている――その事実にこそ、「今から先を輝かせる宝」が埋もれているからです。

どういうことかというと、私にしても、健康だなんてとんでもないことで、体は言うことを聞かなくなっているし、耳は聞こえにくい。男性特有の前立腺肥大もあれば、前歯は1本抜けて差し歯をしている身です。加えて、少し前にはHSP（感覚が鋭く、感受性が強い気質）からくる精神的な疾患も経験しました。

それなのに、自分よりずっと若い人たちからの、「あちこち痛みだした」「心が苦しい」といった相談を受けて、カウンセリングや健康指導をしています。相談者の中にはストレスの多い重職に就いている方もいますが、私と話し終えると「心が晴れた」と、サッパリとした明るい顔で仕事に戻る人が大半です。

そうやって相談に乗って人を元気にしてあげられるのは、自分の「老い」や「辛さ」「至らなさ」を認めたうえで、医師として心身を明るく若く保つために最適な生活習慣を試行錯誤し、自分にできることを実践してきたからだと思うのです。

こうして本を書けているのも、そんな地道なことをやってきた副産物のようなものでしょう。

今を明るく生きている人を見ると、総じて、大きな功績があったとかなかったとかは、あまり関係がないようです。

失敗も、辛いことも経験してきた。けれど、元気に生きている！　その事実だけで十分だと思えます。その事実があれば、必ず誰かのために何かをしたり、生きているだけで、誰かの手本となったりすることがあるのです。

「遠い親戚よりも、近くの他人」なんて言葉もありますね。**遠い国の偉人より、近く**

にいるあなたが、ちょっと辛くっても頑張っている姿を見せること、それが後輩や周りの人たちにとっては恰好《かっこう》の教え、宝となるのです。

「ああ、あのときの先輩は立派だったなぁ、すごい人だったのだなぁ」と。

それでいい！　他人なんて気にしない。自慢もSNSの投稿も

人間なら誰でも、嫉妬《しっと》することがあるものです。自分より幸福そうな人を見れば、「私は不幸だ」と思ったり、自分より不幸そうな人を見れば、「私は幸福だ」と思ったりするでしょう。

70年間生きてきた人は70年分の人生経験があるし、80年間生きてきた人は、やはり他人とは違う80年分の蓄積があります。

それは他人と比較して、どちらが優れている、劣っている、などと他人が勝手な基準で評価できるものではありません。

ところが、私たちは「あの人は会社で重役にまでなった人だから、今も重きをなしていて引く手あまただ」とか、「娘も孫もいて、たくさんの人々から慕われている」なんて、誰も何も言っていないのに（本当は違うかもしれないのに！）、勝手に自分の基準で他人を羨み、自分を貶《おとし》めているのです。

これでは、みじめな気持ちになり、心を病んでしまうことにもなりかねません。

とくに最近はＳＮＳ全盛ですから、他人の「こんなに楽しい経験をした」「家族にこんな素敵なものをもらった」「皆に祝ってもらった」などといった賑やかで幸せそうな投稿が、嫌でも目に入ってきます。

それを見るたびに、「あいつはいいな」「自分は孤独だな」と落ち込んでしまう。でも、本当のところはどうだかわかりませんよ。

内心は大して嬉しくもないけれども、祝ってくれた相手に失礼にならないように気を遣って、しぶしぶ大袈裟に喜んで見せているだけかもしれません。

他人や自分を評価するのは、自分自身です。相手や自分のことを間違って評価してしまっていることがある——それを忘れないでほしいのです。

あなただって羨ましがられている！他人が羨ましい人に、ぜひ気づいてほしいこと

そしてもう一つ。あなたは「嫉妬する側」だけではないことを、忘れないでほしいのです。

つまり、「嫉妬される側」でもあることを知っておくと、むやみに周囲の声に振り回されて疲れることもなくなります。

たとえば私は、東大を出たわけでも、大病院の院長だったわけでもありません。医学者としての実績なんて、たかが知れています。

ところがあるとき、偉い大先生から謂《いわ》れのない非難をされ、「何か悪いことでもしたかな？」と、後輩にぼやいたのです。

「ああ、きっとあの人は、高田先生に嫉妬しているんですよ」

「どうして僕が、あの大先生から嫉妬されるんだ？」

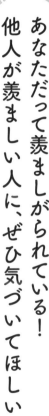

「だって高田先生は、たくさん本を書いて、ずっと活躍されてますから」

本当のところは、どっちが〝活躍している〟のかわかりません。でも、人は勝手に自分の基準で人を判定し、自己を卑下していることが多いのです。


今、私は、やりたい仕事をして活躍しているわけでもないし、やさしい家族と同じ家に住んでいるわけでもない。それでも、「あなたは健康でいいわね」とか、「いいお子さんがいて、幸せですね」なんて、勝手に羨ましがる人がいます。

足腰が弱くなった80代の女性が、自分よりずっと若い人から、「あなたはいつも明るくて、人生楽しそうでいいですね」と、会うたびに言われるなんていう話もあります。

このように、他人が羨ましい人は、「自分もまた他人から羨ましがられているのだ」と思い直して、「自分はすごいんだな！」と、喜んでしまえばいい。

他人を嫉妬して、あるいは他人にコンプレックスを抱いてふさぎ込んで生きるよりは、ずっと気持ちは軽くラクになること請け合いです。

Chapter

6

心の余裕を持つ

――「運命をよりよく変える」妙薬

「今日できないことは明日考える」という
心の余裕を持とう。
たとえ嫌なことがあっても、
力のある人には一歩譲っておく。
仕事ができる人や力のある人にがっかり
させられても、腹を立てない。

マーク・マイヤーズ
（生年不詳　アメリカの作家、運命開拓法の提唱者）

どっちが正解？
定年後を存分に楽しめる時間の使い方

・今日できることなら、今日のうちにやってしまおう
・今日できることでも、今日やる必要がないことなら、明日以降にやればいい

この二つの格言のうち、あなたはどちらを選ぶでしょうか？

会社勤めをしている日本人の多くは、前者を選ぶと思います。おそらくは上司からもそうするように指示されてきたし、多くのビジネスハウツー書でも、「それが効率的で正しい」と述べられてきたからです。

だから、早朝に出社してメールのチェックをすませたら、勢いよく仕事に取りかかる。通勤電車の中でも仕事に関わる情報をスマホでチェックし、ランチタイムやカフェで休息をとる際も、ノートパソコンを持ち込み、結局は、場所を変えて仕事の延長のようなことをしている……。

こうして、24時間の時間割に仕事を詰め込めるだけ詰め込んでいると、時間の余白、「時間的な遊び」がなくなってしまいます。

時間的な遊びがなければ、ちょっとしたトラブルが起きただけでもパニックになり、残業続きになってしまいます。

そうやって、目いっぱい前倒しして明日からの仕事をラクにするのかと思いきや、またしても明後日の仕事やら、その先の新しい仕事やらを詰め込んでスケジュールを埋めていきますから、どれだけ前倒ししても仕事がラクになる日は一向にありません。


現役時代にそんな仕事人生を送ってきた人は、定年を迎えて仕事がなくなったとたんに、大きな喪失感を抱えてしまうでしょう。私もせっかちな性分ですから、「今日やることがない」となってしまったときの喪失感は理解できます。

でも、あるとき次のことに気づいたのです。

明日できることはあえて明日に回して、今日のスケジュールに空白を設け、「では、

今日はどんなことをやってみようか」と考えられる余裕こそ、心を晴れやかにし、人生を豊かにする方法だと。

「今日、とくにやることがない」というのは、言い方を変えれば、**「今日一日、何をやってすごしてもいい！」ということ**です。

スケジュールの入っていない空白の時間で、「今までできなかったこと」をなんでも実行することができる。

ずっと行ってみたいと思っていた店に行ったっていいし、本屋さんに行って分厚い本を買い、存分に読書をするのもいい。新しい趣味を始めるのも自由なのですから、要するに、**時間の空白は、「時間がなくてできなかったこと」を自分に堂々と許可できる、最高の時間**であるはずです。

ところが、そんな素敵な空白の時間を怖がるのは、これまでの人生で、「誰かの都合で何かをさせられる時間」ばかりを優先してきたからです。

会社の用事、人間関係の用事、生活する地域の用事、家族の用事……。そうした用事をこなすことで、私たちは役割を果たすという満足感を得てきました。

でも、これからの人生は、自分の満足のために時間をもっと使っていく練習をしましょう。時間についての考え方を変えると、毎日の生活がどんどん幸せなものになっていきます。

花咲く時期も、人の寿命も、明日起こることもすべて「時節因縁」で決まっている？

仏教には「時節因縁《じせついんねん》」という言葉があります。意味は、「何事かが生じるには、それぞれ定められた時がある」ということです。

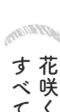

たとえば、花が咲くのは毎年決まった時期です。その時が来れば自ずと花は咲きます。人間関係においても出会いや別れの時機は決まっていて、どんなに足掻いても別れの時はやって来ます。また、どんなに努力をしていても機が熟さないかぎり報われないし、逆にどんな障害があっても、その時がやって来れば願いは叶うのです。

これが「時節因縁」です。この考えを、ものすごく噛み砕いて簡単に言えば、「明

日のことを考えるのはやめなさい」ということにもなるでしょう。

でも、その前に、仏教でいう「因縁」という考えを理解する必要があるでしょう。

仏教の創始者である仏陀《ぶつだ》は、宇宙を貫く法則が三つあるとしています。これを三法印《さんぼういん》と称し、次の三つです。

1．諸行無常《しょぎょうむじょう》
2．諸法無我《しょほうむが》
3．一切皆苦《いっさいかいく》

1の「諸行無常」は、『平家物語』の冒頭にも出てくる言葉ですから、ご存じの方も多いでしょう。**「この世のすべてのことは常に移り変わっている、一瞬たりとも同じではない」**という教えで、今は物理学でも証明されている概念です。

物質の最小単位の素粒子は絶え間なく変化しています。20～21世紀の現代科学がようやく証明したことを、仏教は、紀元前5世紀（諸説あります）の時点ですでに言い当てていたわけです。

3の「一切皆苦」は、「この世のすべては苦しみである」という法則です。

この苦には、「四苦八苦」という、生きること、老いること、病気になること、死ぬことの根本的な四苦に加えて、好きな人と別れなくてはならないこと、嫌いな人と一緒にいなくてはならないこと、努力してもいい結果が得られないこと、そして、自分の能力が自分の思うようにならないことで苦しむことの四苦が含まれます（以上で「四苦八苦」）。

仏陀は、これが生きるということだ、として「一切皆苦」としました。


そして「因縁」に関連するのが、**2の「諸法無我」**です。

その本来の意味は、「この世のすべての物事は因縁によって生じたもので『私』という実体もない」ということです。

たとえ自分の指であっても、切られればおしまいです。財産なども失えばおしまい、地位も裏切られればおしまい。だから、「わがものなぞないぞ」というわけです。そもそも自分というものがないのですから。

そして、地位を失ったり、財産を失ったりするのは、さまざまな因縁によると考えるので、すべてが因縁で得たり失ったりするけれども、「自分のもの」ではないということになります。

これをさらにつき詰めると、誰も自分の意思で何が起こるかを決めることはできない。あらゆる未来は己の意思を超えたところで、そうなるよう定められている、ということになります。

「因縁」というのは、あらゆる「関わり合い」です。

私たち一人ひとりに当てはめるなら、誰もが生まれてから現在まで、いろいろな人に出会い、いろいろなものを手にとり、いろいろな出来事に遭遇してきています。

こうした関わり合いのすべてが、私たちの過去の出来事を決め、今の境遇を決め、さらに未来をも決定しているわけです。

さまざまな因縁を持った人々が、それぞれの因縁の結果、それにふさわしい誰かと出会い、情報に出合い（本書を手にとり、読んでくださっているのも因縁によるものです）、その結果、「未来に何が起こるか」が決まると考えていたわけです。

いやいや、寿命・運命を変える道はある！

中国・明《みん》の時代の袁了凡《えんりょうぼん》という人物が書いた、『陰騭録《いんしつろく》』という有名な古典があります。その中にある逸話です。

あるとき、親孝行な了凡の家に旅の占い師が来て、言いました。

「お前はすばらしい。これから先、28歳のときに役人になるための科挙《かきょ》の試験を突破する、40歳のときに結婚し、この郡の郡長になり、これこれこんな人生を送る……」と、了凡の一生涯で起こることをことこまかに予言したのです。

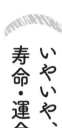

そして実際、科挙の試験は、その老人が予言したとおりの点数で突破することができました。

そこで了凡は、「ああそうなんだ。人生は全部決まっているんだ」と思い込み、その話を有名な禅僧にしたのです。すると了凡は、禅僧に「お前はなんて馬鹿なことを言っているんだ」と一喝されます。

「昔から、積善の家には必ず余慶《よけい》（祖先の善事の報いによって子孫が受ける吉事）あり。いいことをすれば必ずいいことが起こるというではないか。お前はこれから毎日いいことをして、『今日はこういう善事をした』と書き留めるようにしなさい」

了凡が言われたように実践したところ、彼は、かつて占い師が予言した地位よりも、もっと高い位の職に就くことができたのです。

そして「できない」と予言されていた子どももでき、予言された死の年齢よりもずっと長く生きることができました。

つまり、この話からいえることは、未来をよりよいものに変えたいと思うなら、よくないことの原因を過去に求め、ああすればよかった、こうすればよかったと後悔していても仕方がないということ。

それよりも、**今からの「因縁」を変える必要があるのです。**

明日やるべきことを前倒しして今日やる、ということを繰り返して予定をいっぱいにすることよりも、今まで実行してこなかった「今やるべきこと」や「誰かのためになる、いいこと」に取り組んでいけばいい、そうすれば、よりよい未来がやって来るということです。

嫌なことを大幸運に転換するしたたかな極意——受け入れて一歩譲っておく

因縁の中でも、人間関係の問題は、何歳になっても私たちを悩ませる大きな要素です。

この章の冒頭に掲げたように、『『今日できないことは明日考える』という心の余裕を持とう』というマーク・マイヤーズの言葉のあとは、「たとえ嫌なことがあっても、力のある人には一歩譲っておく」「仕事ができる人や力のある人にがっかりさせられても、腹を立てない」と続きます。

年をとると、この世は非常に不公平であると痛感することが増えます。

普段から大して健康に気を遣っていないのに、ずっと病気をせずに元気な人もいれば、摂生《せっせい》していてもなぜか大病から逃れられない人もいる。早くに家族と離れてしまって孤独な人もいれば、いつまでも周りに人が集まっている人もいる。いくつになっても現役で仕事をしている人もいれば、さんざん会社に貢献してきたのに、部下や上司とちょっと折り合いが悪かったばかりに、早々に追い出されてしまう人もいます。

すると、うまくいっていない人は、「自分の何がいけなかったんだろう?」「どこで人生を間違ったんだろう」と、過去をくよくよ振り返り、今現在の諸問題に集中できない悪いパターンにはまります。

うまくいかなかったのは、必ずしもその人自身が悪かったわけではありません。

仏教の言葉を借りれば、それも「因縁」で、ただ単に人生における巡り合わせで、そうなってしまっただけ。

結果に差が出たとすれば、それもまた因縁であり、別に悪いくじを引いたわけではありません。**それがのちの大幸運につながることもあるのですから、いちいち過去を**

詮索せず、ただ現状をありのままに受け入れ、マーク・マイヤーズの言うように「力のある人には一歩譲っておく」。

そして、仕事のできる人に馬鹿にされたり裏切られたりして、落ち込むことがあっても、いちいち腹を立てずに、「そういう因縁だったんだな」と納得して放っておけばいい——それが賢い方法だと思うのです。

癒やされたいなら絶対に坐禅よりも、読経のすすめ

心穏やかに生きる知恵にあふれている「禅」の教えを私が学ぶようになったのも、過去の嫌なことばかりを思い出して落ち込んでいる自分を、どうにかポジティブにするためでした。

私は若いときから坐禅をしていました。根は真面目なので、70代のころは、一日5時間ほど、朝・昼・晩と、毎日休まず坐禅をしました。前向きな思考のほかに、悟り

も求めたのですね。

しかし、あるときテレビ番組で、アメリカ人の修行者が、一日10時間くらい坐禅をしたけれど、悟りや心の安寧《あんねい》を得ることはできなかったと語っているのを観ました。それは、私も同じでした。**坐禅によって、前向きな明るい気持ちや悟りは得られていなかったのです。**

そこで、読経《どきょう》をやってみました。これはよかったですね。今もやっています。

無心で声を発することは、気持ちを軽くするのに非常に効果的です。

だから、「特別な信仰心がなくてもいいし、仏教を信じていなくてもいいので、読経だけはするといいよ」と、人にすすめています。

声を出すという行為があるほうが、頭から雑念を追い出すことができるのです。

そして、毎日繰り返し、嫌なことを頭から追い出す時間をつくっていけば、過去を思い出して、くよくよする暇も少なくなっていきます。さらに、気持ちは明るくなるし、声を出して腹式呼吸をするので、どんどん健康にもなっていきました。

ちなみに、私が読経するのは「延命十句観音経《えんめいじっくかんのんぎょう》」と呼ばれる短いお経です。

【延命十句観音経】

観世音（かんぜーおん）　**南無仏**（なーむーぶつ）

与仏有因（よーぶつうーいん）　**与仏有縁**（よーぶつうーえん）

仏法僧縁（ぶっぽうそうえん）　**常楽我浄**（じょうらくがじょう）

朝念観世音（ちょうねんかんぜーおん）　**暮念観世音**（ぼーねんかんぜーおん）

念念従心起（ねんねんじゅうしんき）　**念念不離心**（ねんねんふーりーしん）

これは、「いい縁によって、仏陀や観音さまの教えに出会うことができました。これから未来は、ますます満たされたものになっていくでしょう」と宣言するお経ですから、毎日唱えるにはぴったりでしょう。

といっても、**ただ無心で声を出すことに意味があるので、お経でなくても構わないのです。**聖書でもコーランでもいいし、さらには好きな詩や有名な古典の冒頭部分などでもいいでしょう。自分が好きだ、ありがたいと思えるものなら、気分はいっそう盛り上がります。

「今日できないことは明日考える」の心境になれない方は、大いに試してみる価値があると思います。

ダライ・ラマもグーグルも絶賛！さらに科学も実証した「瞑想」の素敵な効果

禅や仏教の話をすると、だんだんと科学や医学から離れていくように思われるかもしれません。けれども、仏教が実践している「瞑想」の効果は、精神をリラックスさせ、心を癒やすものとして、現在は科学的・医学的に深く考察されています。

瞑想というと、先に私が挫折したと述べた「坐禅」と混同する方もいるかもしれません。でも、もともとの瞑想は、お釈迦《しゃか》さまが心を落ち着かせるために実践したもので、たとえば古い仏教を受け継いでいるチベット仏教などでも瞑想を重視しています。近年、「マインドフルネス」という名称で、グーグルなどグローバル企業で研修に使われているのは、この「瞑想」のほうです。

一方で、瞑想を応用するかたちで、悟りを得るための修行に位置づけられているのが、禅宗の「坐禅」です。脚を組んで印を結び、精神を集中させる行法で、修行者の間を棒状の扁平な板、「警策」（曹洞宗《そうとうしゅう》では「きょうさく」、臨済宗では「けいさく」）を持ったお坊さんがゆっくり歩き回り、ときおり警策でピシッと修行者の肩を叩く――といった光景は広く知られていますね。

また、このような一般的な坐禅（黙照禅《もくしょうぜん》）だけでなく、臨済宗では「公案《こうあん》」と称する、いわゆる禅問答と瞑想を組み合わせた修行法（看話禅《かんなぜん》）もあります。

いずれにしろ瞑想と坐禅は、やることは似ていても目的が違うわけです。基本的には仏教に入門する人でなければ、あえて坐禅をする必要はないでしょう。

精神医療としては瞑想のほうがストレスを解消してくれ、癒やしや集中力、創造力、幸福感が高まり、高血圧の改善、血中乳酸値の改善、緊張性頭痛などの痛みの緩和、免疫力の向上など、心身へのよい効果は得られます。

ノーベル平和賞受賞者で、チベット仏教の頂点に立つダライ・ラマ14世は、1987年以来2011年までに23回にわたり、インドのダラムサラ（リトル・ラサ）で、世界中の著名な脳科学者・心理学者・認知科学者などを招いて、「瞑想の会議」まで行なっており、そこで実際に修行者が瞑想をしてみせ、脳波などをとって脳と心の関係を討議し、論文にもしていたと記憶しています。

実際、瞑想をすると集中力が上がることは、最先端の脳神経学からの検証で明らかになっています。

128ページの図は、アメリカのウィスコンシン大学とネパールの僧院が共同で研究したデータで、瞑想の時間が増えれば増えるほど、集中力を高めるγ《ガンマ》波が脳から多く出ていることがわかります。

瞑想の時間とγ波の強度

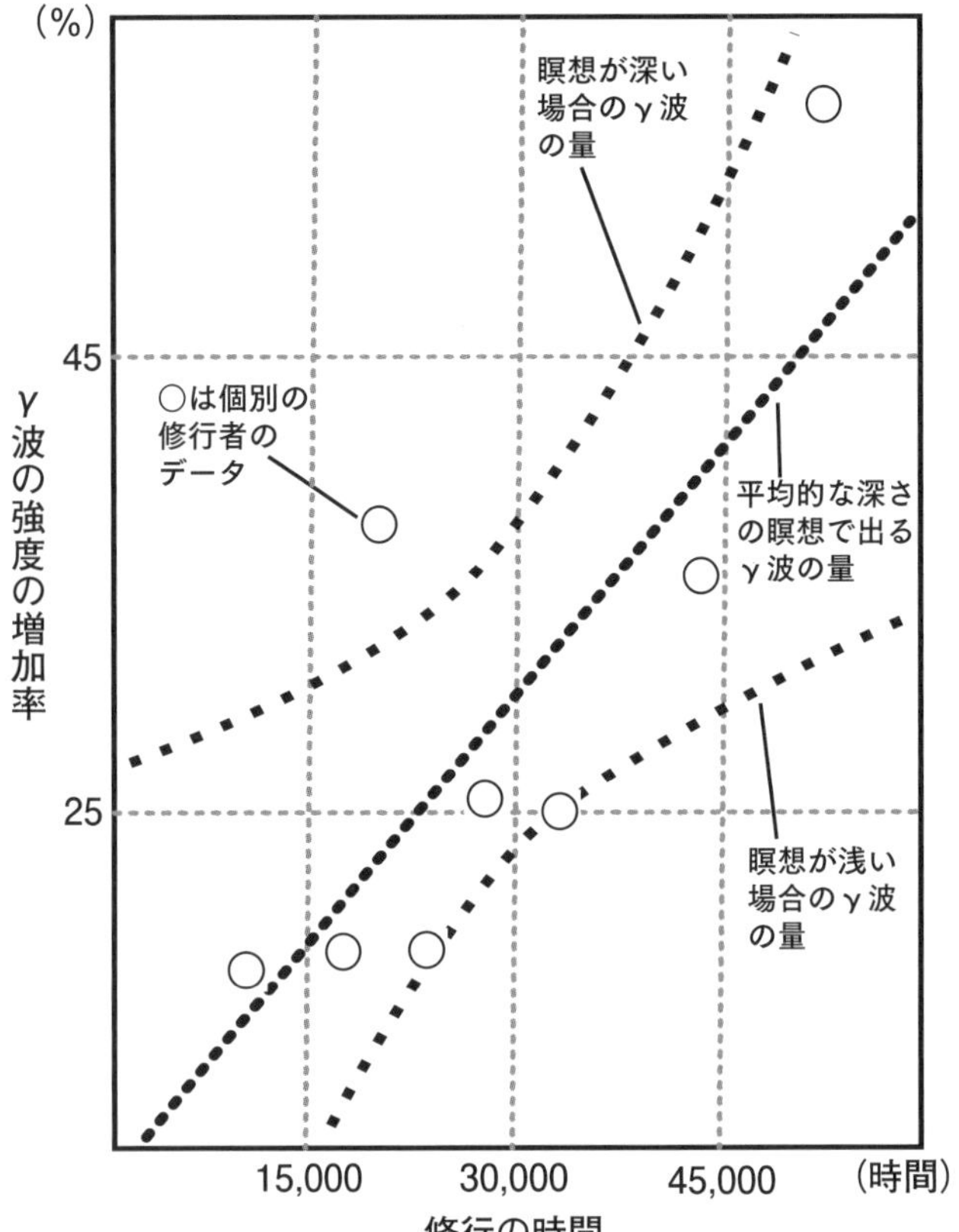

ウィスコンシン大学とネパール僧院の共同データを元に作成。

瞑想の時間が増えるほど、γ波が脳から出やすくなることがわかる。

「いいこと」をすれば、必ず「いいこと」が起こる、その仕組みと、何も起こらない人へのアドバイス

そもそも仏教の教義には、科学的にも理屈に合った部分が多々あります。そんな教えの中で、仏陀が導き出した結論は、「いいことをすればいいことが起こる」という考え方です。

仏陀は、次のように述べています。

苦を恐れるものは　悪をなすなかれ
苦を厭《いと》うものは　悪をなすなかれ
悪をなすものは　必ず苦しむ

「いいこと」をすれば、必ず「いいこと」が起こる。
「悪いこと」をすれば、必ず「悪いこと」が起こる。

これは、私たちが「昔話」や周囲の大人からの説教などで、子どものころから耳にタコができるほど言い聞かされてきた道徳観念なので、まったく科学的とは思えないでしょう。でも、確率論で考えれば当然のことなのです。

「いいこと」をしている人は、同じように「人間はいいことをすべきだ」と考える人たちと因縁によって出会い、関わりますから、ほかの人からいいことをされる可能性も高まります。

逆に、「悪いこと」をする人は、「悪いことをしたっていい」と考える人たちと因縁で出会い関わりますから、悪いことをされる危険性は高まるでしょう。

いくら確率的にそうなる可能性が高くても、「いいことをたくさんしても私には、いいことなんて全然起こらない」と反論する方はいるでしょう。

ただ、それこそ、マーク・マイヤーズの言葉、「心の余裕を持つ」ことを実践しましょうということです。

いいことをしても、すぐに幸運は訪れないかもしれないが、然《しか》るべき時節が来れば必ず幸運に恵まれる。

悪いことをしても、すぐに不運にならないかもしれないが、時期が来れば必ず不運に遭う……。

「時節因縁」が説いているのは、**「私たちは皆、運や善徳の通帳を持っているようなものだ」**ということです。いいことをすれば「善業《ぜんごう》」としてこの通帳に善徳貯金が貯まり、善徳貯金に応じて幸運がもたらされます。

逆に悪いことをすると、運の通帳に借金が溜まります。その借金を「悪業《あくごう》」といい、これが溜まると不運なことが起こるのです。

そういうことですから、**未来をより素敵なものに変えたいと思うなら、今日しなくていいことを明日に回して時間の余裕をつくり、その遊びの時間を使って「いいこと」をすればいい**のではないでしょうか。

家の前の道を掃除するのもいいし、機会があれば誰かに伝えられるよう、役に立つ知識をまとめておくのもいい。庭の木に実った柿をご近所にお裾《すそ》分《わ》けするのでもいいのです。

今日はどんな「いいこと」をしようかと考え、それを実践する時間を日々増やしていけば、「嫌なこと」を考えてしまう時間は確実に少なくなります。

過去の因縁はどうにもならない。でも、「今からやること」を変えていけば、未来に起こることも変わっていくのです。

Chapter

7

自分を責めない

——「心がほっと安らぐ」妙薬

誰の人生もラクではない。
できることだけやって自分を責めない。

リチャード・カールソン
（1961～2006　アメリカの作家、心理療法士）

誠実な人ほど、自分を赦すのが難しい。どうしたらラクになれるのか？

18世紀のイギリスの詩人、アレキサンダー・ポープは、「**失敗するは人間**なり。それを**赦**《ゆる》**すは神**なり」という言葉を残しました。

しかし、私はむしろ右ページに記した、現代アメリカの自己啓発の大家、リチャード・カールソンの言葉のほうを信用します。

失敗するのは自分であり、それを赦すのも自分である。神が赦してくれようがくれまいが、自分で自分を赦さないかぎり、人は先に進むことができない――私は強くそう思っています。その理由は、自分に罪を感じていくら懺悔《ざんげ》をしても、自分を責め続けるようであれば、どれだけ修行をして努力しても心の安心は得られず、救いは得られないという現実があるからです。そして問題は、「自分が自分を赦せばいい」ことを認識できないせいで、なかなかラクになれない人が多いということです。

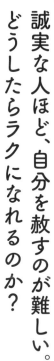

できることをやったら、あとはもう自分を責めない！

シェイクスピアの『マクベス』にも、**「すんだことはすんだこと」**という有名な台詞《せりふ》が出てきます。

本当に、過去のことは過去のことです。いつまでも遠い過去の失敗のことで自分を**責め続けるのはやめたほうがいい**のです。それは、脳を疲弊《ひへい》させて生きるエネルギーを奪い、いきすぎると心を崩壊させます。

でも、自分を赦すことは、それほど簡単にできることではありません。だから過去の失敗を、生涯にわたって引きずってしまう人もいます。

Aさんの例を紹介しましょう。

彼は友人を車に乗せて近くのグランドに行きました。そこでは高校生がサッカーの試合をしていたのです。Aさんは一方の高校の出身だったので、大声をあげ、夢中で応援しました。

幸い試合は、2対0でAさんの母校が勝ちます。Aさんはご機嫌で、近くのレストランでビールを何杯も飲み、高揚した気分で友人と談笑しました。

すっかり酔いが回ってでき上がったAさんは、車を置いてタクシーで帰るなり、運転代行業者を頼むなりすればよかったのですが、まぁ大丈夫だろう、と軽い気持ちで友人を車に乗せて帰路についたのです。

しかし、案の定、衝突事故を起こしてしまいました。Aさんも怪我をしましたが、友人は意識不明のまま救急車で運ばれた先の病院で亡くなってしまいました。

自分が飲酒運転をしたせいで、友人を死に至らしめ、友人のご家族の人生をめちゃくちゃにしてしまった――。Aさんは自分を責め続け、その後、仕事も辞め、妻とも別れ、家族はばらばらになりました。そして、彼は精神を病んで病院に入り、ついには自殺してしまいました。

キリスト教やイスラム教の「神が赦す」ことの奥深い意義

飲酒運転の末に事故を起こして友人を死なせてしまったAさんは、一生背負わなくてはならない大罪を犯したことは紛れもない事実です。しかし、その罪の重さによるAさんの自死は、避けられないものだったのでしょうか？

私は大学でうつ病の研究をしていたことがあり、そのときも自分を責めて責めて責め続けた末に、精神を病んで深刻な状態になってしまった患者さんを目《ま》の当たりにしました。

その方は一切の他発的・自発的行動ができなくなり、壁に向かって話し続け、人が部屋に入ってきても反応しない状態になっていたのです。

「自分を責める」という行為は、人間の脳や精神を傷つける恐ろしい行為なのです。あらゆる細胞が破壊され、生ける屍《しかばね》のようになってしまいます。

１３５ページでアレキサンダー・ポープの「神が赦す」という言葉を紹介しましたが、キリスト教もイスラム教も、「人の罪は、神が赦す」と説いています。

それに対して私は、「神ではなくて、**自分で自分を赦せばいい**」と述べましたが、実際に「自分で自分を赦すこと」は本当に難しいゆえに、あえて「神によって罪を浄化してもらう」という手段をとる、という考え方もあると思うのです。

神に赦してもらうといっても、都合よく神様が実際に目の前に現れて罪を赦してくれるなんてあり得ないでしょう？　それなのに、どうして赦されたと信じられるの？

多くの日本人はそう思うでしょうが、その理由はキリスト教徒（カトリックや正教会）が教会に行き、聖職者に対して罪を打ち明ける「告解」をする場面を見ればよくわかるでしょう。

「自分は、こういう罪を犯しました……」

カトリックや正教会のキリスト教徒たちは、教会でそんなふうに自分の罪を聖職者に打ち明けたあと、彼にこう言葉をかけてもらいます。

「神はあなたの罪を赦します」

決して、神様が目の前に現れて、罪を赦してくれたわけではありません。でも信仰心が篤《あつ》い信者は、聖職者の言葉は神の言葉を伝えてくれたものと信じ、「赦された」と感じて納得します。そもそもキリスト教は、イエス様が人類の罪をすべて引き受け、自分が処刑されることで皆を救済したという骨格を持ちます。だから、告解をしたのに「赦されない」と思い続けることは、イエスの行為を疑うことにほかなりません。

つまり、信じることが絶対なのです。

そして赦された以上は、もはや自分を責めることはないので、心の平安がとり戻されます。このようにして人々は、自身の罪や罪の意識を浄化していきます。

この告解ですべての罪の意識がクリアになるほど、ことは単純ではありませんが、結果的にキリスト教では、聖職者が心のケアをすることとなり、心を病んでしまいそうな人々を救うシステムが機能しているのです。

お天道様にも自分にも嘘をつけない誠実な日本人は心の安寧のために、このステップが必須

キリスト教の聖職者がしていることは、精神内科や心療内科におけるカウンセリングに等しいものでしょう。

カウンセリングの基本は「患者の話を聞くこと」で、患者さんに自分が犯した過ち

について話してもらい、医師は患者さんの心に寄り添うことで、自分を責める思いを解きほぐしていきます。

そのステップで「もう、自分を責めなくていいのだ」と患者さんが納得するなら、何も問題はありません。

しかし、神という絶対的な存在に裏打ちされた聖職者が与える赦しと違い、心理カウンセラーの言葉は、患者さんにとって必ずしも絶対的なものではありません。だから、どうしても、「患者さんが、その心理カウンセラーをどれだけ信頼しているか」「どれだけ心理カウンセラーの言葉に納得できるか」に、その効果は左右されてしまいます。たとえ一時は責める気持ちが薄らいだとしても、再び自分で自分を赦せなくなることはいくらでもあります。

だから、神様（聖職者）のような絶対的存在に救済を委ねるというのは、実は非常に簡単、かつ効果的な方法ともいえるのです。

多くの日本人は、そうした「救世主がすべての罪を引き受けてくれる」という教えにはなじみが薄く、神社の神主にしても、お寺のお坊さんにしても、キリスト教の聖職者のような役割を担っていることは少ないでしょう。

だから、日本人は、キリスト教徒のように「赦してください」と神に祈れば自分を赦せるかといえば、それは難しい。気持ちも晴れないでしょう。

では、日本人は、どうしたら自分を責めることをやめられるのか？

日本には、至るところに神社があります。そして、八百万《やおよろず》の神々と呼ぶように、日本人には古来より森羅万象《しんらばんしょう》のあらゆるものに神が宿っているという考えが根づいています。

だから、迷惑をかけた相手にはもちろん、もしも相手にお詫びを伝えられない状況なら、神様・仏様、そしてお天道《てんとう》様なりに向かってお詫びや反省の念を伝えて、犯した罪を上回る善行をすることを誓い、そして実際に善行を尽くす。

そうやって反省して心を入れ替えた姿を日々お天道様に見せるべく、繰り返し善行に励むことで、だんだんと「神様・仏様もわかってくれるのではないか」と、意識が書き換えられていくのでしょう。

そのようにして、「改心し、これまでと違う自分になろうとしている自分」を、**自**

分自身が認められるようになっていくことが大切なのです。

「悪人だって往生できる」と説くのはなぜか？ 親鸞聖人の言葉の真意

普通の日本人は、西洋人ほど「罪の意識」というものを感じないでしょう。

私の知るカトリック教徒は、「性的な目で異性を見た」とか、「人を恨んでしまった」とか、教義に反する思考を一瞬でも持つたびに、「自身の罪を石鹸で洗い流したい」と言っていました。

しかし日本の仏教にも、浄土真宗《じょうどしんしゅう》では「南無阿弥陀仏《なむあみだぶつ》」さえ称えれば、あるいは日蓮宗《にちれんしゅう》だと「南無妙法蓮華経《なむみょうほうれんげきょう》」と唱えさえすれば、阿弥陀如来《あみだにょらい》のような仏様が〝救ってくれる〟という考え方があります。

浄土真宗の開祖、親鸞聖人《しんらんしょうにん》の教えをまとめた『歎異抄《たんにしょう》』には、「善人なおもて往生《おうじょう》を遂《と》ぐ、いわんや悪人をや」という有名な言葉もあります。

善人はもちろん、悪人であっても罪を犯したと、自分を見つめ反省することができる人間なら、救われて幸せになることができるという発想なのです。
親鸞聖人は『高僧和讃《こうそうわさん》』の中で、次のように詠《えい》じています。

罪障功徳《ざいしょうくどく》の体《たい》となる
こおりとみずのごとくにて
こおりおおきにみずおおし
さわりおおきに徳おおし

「犯した罪や障害というものは、それが功徳の元になる。氷が多ければ溶けてできる水も多いという道理と同じように、罪や障りが多ければ多いほど功徳も多くなる」という意味です。どういうことかというと、罪や障りの意識を感じて苦しみ反省し、それを挽回しようと善行を積む努力をすならば、その結果、大きな功徳となって返ってくる、つまり、「過ちを犯し失敗をしても、そのあとの行ない次第で挽回できるよ！」ということなのです。最後の最後まで、死ぬまでチャンスはあるから、あきらめてはいけないよ、という愛ある教えですね。

住職の話を聞いたり、読経や写経の教室など、定期的に開催されているイベントに参加したりすることも、罪の意識を軽くする一つの方法だと思います。そこまでしなくても、神社やお寺に参拝することで、なんとなく赦された気分になれるなら、定期的に寺社を訪ねるだけでもいいではありませんか。

「できるだけのこと」をしたら、あとは……話して放す

リチャード・カールソンの言うように、**「誰の人生もラクではない」**のです。

「誰の人生もラクではない」――だから、「できることだけやって、自分を責めない」。

つまり、自分自身を責めなくなるためには、「できるだけのことをする」というのも大切なことです。

前章では「善行を積む」ことによって未来の因縁が変わると解説しました。ならば過去に罪があるとして、今、善行を積むことで、それを浄化させることは十分に考えられるでしょう。

実際、刑務所の受刑者たちが、ボランティア活動をすることで更生を図るプロジェクトも存在します。

被災地など、ボランティアを求めているところは多くあるし、家族や親族の要望に応えるのでもいい。地元の市町村に問い合わせれば、できそうな善行はいくらでもあるでしょう。

あとは宗教とは関係なく、誰かに、自分が「赦されない」と思っていることを打ち明けてみることです。

悩みが高じてうつ病になってしまう人には、自分の苦悩を人に語らず、ただ独りで背負い込んでしまっていることが多いのです。それではうつから逃れる方法を思いつかないし、自分で勝手に罪を重く受け止めすぎてしまうこともあります。

実際、犯罪のようなことでなければ、誰かに語ったとたんに、「そんなの大したことないわよ」とか、「同じようなことを、私も経験したことがありますよ」などと、自分だけの問題ではなかったことを知るケースも多いものです。

それで「自分も皆と同じようなものなのだ」と知れば、気持ちはずいぶんとラクになるでしょう。

打ち明ける相手は、信頼できる家族や友人であれば、それに越したことはありません。また、たとえば市町村のコミュニティーセンターなどでは、グループ同士で日常の悩みを打ち明け合うような場も開催していますので、そうしたところで出会った相手でもいいでしょう。よく知る人よりも、赤の他人のほうが悩みを打ち明けやすい場合もありますから、きっかけづくりには適しているでしょう。

より深い相談をしたいなら、心療内科を訪ねましょう。プロの立場からちゃんと、あなたの悩みに向き合ってくれるでしょう。

以上のことをまとめると、法を犯したわけでもないのに、自分で自分を赦せないのなら、どこかで「赦してくれる人」を見つければいい、ということになります。

そして、あなたが「お陰様で赦されました」と思えたなら、そこですべては解決です。

Chapter

8

明るい面を見る

――心が澄んで視界がパッと開ける「問題解決」の妙薬

あるときに、ものの考え方を変えた。
明るい面のみを見るようにしたのだ。
すると、よいことが次々と
起こるようになった。

ヘンリー・フォンダ
（１９０５～１９８２　アメリカの俳優）

ポジティブに考えるだけで、解決する問題が9割

物事の「いい面」を見る。

たとえば、グラスにビールが半分残っているとき、**「まだ半分もある、ラッキー！」**と考えるか、**「もう半分しか残っていないんだ、悲しいな」**と考えるか。

往年の名優、ヘンリー・フォンダに言われるまでもなく、「ポジティブに考えたほうが運はよくなる」というのは、いろいろなところで実証されています。

いわゆる「ポジティブ・シンキング」です。

大勢の成功者がそう述べているのは知っていましたが、私は若いころ、「この人たちは、何を言っているんだろう？」と思っていたのです。

だって、世の中には悪意を持った人が大勢いるのですから。

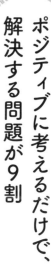

常に「最悪の事態が起こるかもしれない」と警戒し、心の準備をしておかないと、いざというときに対処できないじゃないか、と思っていました。

そうやってネガティブな予測ばかりしながら生きていた私は、自分の失敗や無能ぶりばかりが強く自覚され、次第に、起こるであろう悪いことばかりに恐怖するようになっていたのです。

でも、あるとき、大学の一般教養の授業で数学の先生が、しみじみと**「人生のコツは、物事の悪い面をできるだけ見ないようにすることです」**とつぶやいたことがあったのです。

教師というものは、ときに学生たちにポロリと本音を漏《も》らすことがあります。それを感じとった私の脳裏に、この言葉はずっと焼きついていました。

私は、将来を悲観する傾向はあるものの、人の意見やアドバイスは素直に聞きますから、その数学の先生の教えに従って、それ以降、「悪いところは見ない」ことを徹底するようにしたのです。

そして年をとってからは、物事の「いい面」を見ることの重要性がよくわかってきました。

その一例として、浜松医科大学で教鞭《きょうべん》を執《と》っているとき、こんなことがあったのです。

教え子の中に、東大を中退して入ってきた学生がいたのですが、彼の私に対する態度には、「自分のほうが優れているのに、どうして、この先生に従わなければいけないのか」「いつか追い越して、地位や立場を逆転してやろう」というエリート意識や競争意識に満ち満ちていました。

しかし、私の立場は指導者です。あの数学の先生の教えに従って、東大中退の彼の攻撃的な物言いも、いい方向に解釈するようにし、「悪いところは見ない」ことを徹底するようにしたのです。

それを実行するようになって、すぐに彼が私に対して好意的になったわけではありませんが、最初は刺々しかった彼の態度も、だんだんと柔らかくなっていき、やがて良好な関係が築けるようになっていったのです。

そしてあるときに彼から、こんなことを打ち明けられました。

「先生、自分はどんな人の言葉も、6割しか信じられません」

「だから、誰ともいい人間関係が築けないんです。先生に親友はいらっしゃいますか？」

当初の敵対的な態度からすれば、驚きの変化でした。


世界遺産にもなっている京都・天龍寺の庭園をつくった鎌倉時代の禅僧、夢窓疎石《むそうそせき》は、**「人は本来、仏だ。欠点はあっても、それはそれで欠点の黒い雲のその内側には、きれいな心があるんだ」**という言葉を残しています。

悪人に見える人間だって、その奥には「いい面」もちゃんと潜んでいるのです。

そのときどきによって、表面に現れる部分がいい面だったり悪い面だったりするだけなので、私たちは誰かに接したとき、その「いい面」を見つけるようにしていけば、いろいろな人間関係がかなりラクになると思うのです。

私も実際にこのことを心がけると、運勢は次第に上向いていきました。

自分や相手の欠点や失敗は、できるだけ無視すればいいのです。

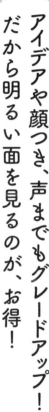

アイデアや顔つき、声までもグレードアップ！
だから明るい面を見るのが、お得！

物事の明るい面を見るようにすると、なぜ運勢が上向くのでしょう？

心理学の世界では、さまざまな調査や検証をしていますが、わざわざそんな小難しい調査をしなくても、シンプルに、「暗い面や嫌な面を見るほどに楽しくなる」という人は、いないと思いませんか。逆に「明るい面」を見るようにしていけば気分も高揚してやる気も湧いてくるのです。

人間関係においても、私の明るい面を見て私を信じてくれる人と、暗い顔で私を疑っている人、どちらと一緒にいたいかとかいえば、どう考えても前者でしょう。

実際、相手を信じているときの人は、顔つきや声も違うのです。

だから相手も、こちらを疑わなくなります。すると、相手から何かを頼まれたり、何かをしてもらえたりする可能性も高くなりますから、当然、こちらも「得すること」は増えるでしょう。

もう一つ、**判断力や発想力などにおいても、「暗い面」を見る人より「明るい面」を見る人のほうが優れた成果を出します。**

では、どうすれば、うまいこと明るい面に目を向けられるのでしょうか？

イギリスの作家であり、科学者でもあったオルダス・ハクスリーは、「愛は恐怖を追い出す。反対に、恐怖は愛を追い出す」と述べています。

愛を持って物事を見たら不安や恐怖がなくなり、明るい面が見えるようになり、いろいろなことがうまくいったということです。

彼はさらに、**「あらゆることについて知りすぎると、何が重要か判断できなくなる」**とも述べています。余計な情報がたくさんあるほど、私たちはいろいろ迷うようになるし、心配や不安も多くなります。

「あの山へ登りに行こう！」

「そういえば、最近あの山で遭難者が出なかったっけ？　いや、占いでは明日は登山には吉日だとある。登山者が増えすぎて環境破壊が進んでいるみたいよ。天気予報はバッチリ登山日和となっている。でも、ふもとまで交通渋滞が起きているそうだ」

「いったい、どうしたらいいいんだ？？？」

――こんな具合です。

人の心は、バケツに入れた汚水のようなもの。そこで迷いを払い、答えを見出すには

「人間の心は、バケツに入れた汚水のようなものだ」と言った人がいました。

なぜ汚水なのかといえば、私たちの心の中には、ネガティブなものがたくさんあるから。**そして物事を悪い方向に考える人は、何か問題が起きると、心を乱してこの汚水をかき混ぜてしまうのです。**

そのせいで水はドロドロに濁《にご》ってしまい、光を通さなくなります。それでは見通しが利きませんから、いい解決策が見つからないわけです。

物事を悪いほうに考える人は、過去の悪いことも次々と思い出しています。

それは、まるで海底火山のマグマのように、嫌な気持ちをふつふつと噴き上げて水を濁らせている状態なので、気持ちが落ち着くことはありません。飲みに行っても、散歩に行っても、夜ベッドに入っても、いつまでも心は濁り続けたままで先が見通せることはなく、問題は解決されません。

バケツの水に混じった泥は、嫌なことに目を向けずに、しばらく待っていれば、やがて底へ沈み、水はだんだん澄んでいきます。いったん立ち止まって**気持ちを落ち着かせれば、視界が開けて解決策は見つかる**ということです。

ただし、単に放っておいても、人の意識はネガティブなものに向きがちです。ポジティブな面を見ようとすることで、ほどなく心は静寂をとり戻すでしょう。

人間だから100%ポジティブなんて無理。ポジティブ6、ネガティブ4で上出来

仏教では、私たちの心は本来、仏のように清らかだと教えています。

先に言葉を紹介した、天龍寺を開山した夢窓疎石（１５４ページ参照）が詠んだとされる道歌に次のようなものがあります。

雲晴れて　後の光と思うなよ　もとより空に　有明の月

雲が晴れたから、今、月明かりが差したのではない。もともと月の光はあったのだが、それが雲でさえぎられていたから闇になっていただけだ……そんな意味です。

つまり、**起こった出来事は、悪いことでもなんでもない。あるいは、どんな人も悪人ではなく、いい心を持っている。ただ、私たちの心の曇りが起こった出来事について「最悪だ」と思わせ、出会った人を悪く評価させてしまう**ということです。

仏教はそんなふうに、この世の中のことを明るくとらえています。

「たとえ年をとり、周りの環境が変わったとしても、不安になったり疑心暗鬼になったりする必要はない。ただシンプルに『自分にはいいところがあるのだ』と信じて、あるがままに任せてしまえば、人は幸運になれる」と教えています。

でも、そうやって物事をすべてプラスに受け止める、スーパーポジティブな状態になることはできるでしょうか？

私は、無理でした（笑）。どんなに明るく考えたって、人は裏切ることがあるし、ガッカリさせられることもあるからです。

だから、私の場合は、せめて「6対4」で考えようと努力しています。

確かに嫌なことは起こるけれど、それは4割のこと。実際に起こることの6割方は、「いいこと」なのではないでしょうか？　**人には確かに悪意もあるけれど、それは4割のことで、6割は善意にあふれているのでは？**

そんなふうに考えると、物事の「明るい面」が見えてくるのです。

とり立てていいということはなくても、「おはよう」と声をかければ、「おはよう」と返ってくる、そんなごく普通の人間関係を築いているだけであっても、それは間違いなく「幸せなこと」なのです。

そういうこともカウントしていけば、6割くらいは簡単に埋まるでしょう。私たちは本当に、普段の「明るい状態」に雲がかかっているだけなのですね。

ほらね、解釈が変われば、過去の出来事だって変わる

イギリスの心理学者、リチャード・ワイズマン博士は、1000人以上を調査し、「自分は運がいい」と思っている人と「運が悪い」と思っている人の、行動の違いを明らかにしました。

「自分は運がいい」と思っている人は、物事の明るい面を見て行動を選択し、「自分は運が悪い」と思っている人は、物事の悪い面を見て行動を選ぶという結果でした。

たとえば、成功している昔の友人から飲みに誘われた場合。

明るい面を見る人は、「何か楽しい話が聞けるかな？　いや、世知辛い話しか聞けなくても、それはそれで興味深い」と遊び心を持って誘いに乗っていたのに対し、暗い面を見る人は「どうせ自慢話でもされるのだろう」と思って断っていたのです。

この傾向を発見したワイズマン博士は、暗い面を見る傾向のある学生たちに、あえ

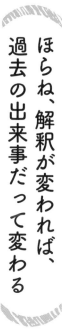

て「自分は運がいい」と思っている人がしている選択をするように指導しました。

その結果、指導された学生たちの80％が、「運がよくなった」「いいことが次々と起こるようになった」と実感したといいます。

「いいこと」も「悪いこと」も、結局のところ解釈の問題です。

思い出も「楽しい部分」が心に強く残っていれば、「いい思い出」になるし、「辛い部分」が強く残っていれば、思い出したくもない「悲しい思い出」や「嫌な思い出」になります。

たとえば、学生時代の恋愛経験は象徴的です。片思いではなく恋愛経験ですから、当然二人で楽しい時間をすごした日々はあったし、二人がその後別れているのであれば、辛い時間もあったでしょう。その楽しい時間に焦点を当てているか、辛い時間に焦点を当てているかで、「素敵な青春の一ページ」になっている人もいれば、「二度と会いたくない人」となっている人もいます。

まずは夜寝る前にでも、一日のいろんな出来事のうち6割はありそうな「いいこと」、を確認することから始めてはいかがでしょうか？

Chapter

9

自分を信じる

——まだ見ぬ可能性と「才能開花」の妙薬

自分の欠点が気になりだしたら、
そこから生まれる劣等感を直してくれる人は
この世に一人しかいない。
それはあなた自身だ。

デール・カーネギー
（1888～1955　アメリカの作家、能力開発の大家）

劣等感という心の病を治せる最高の医者は、あなた自身

自分以外の他人には、欠点などどこにもないように思えてしまう。

一方では、自分は欠点だらけだと思う。嫉妬深く、好き嫌いが激しいし、意志は弱いのに競争意識が強い。落ち込みやすいし、劣等感も強い……。

そんなふうに、ふと気づくと、他人と自分を比較して自分を貶め、自己肯定感を下げている人は意外と多いかもしれません。

しかし、私たちが認識すべきなのは、自分と同様にほかの人たちだって完璧ではないという事実です。皆、どこかに心の悩みを抱えているということです。

たとえば、とてもイケメンでモテモテ間違いないような若い男性が、盗撮やら下着泥棒のような犯罪で捕まったとか、聡明で鳴らす女性がヘタな詐欺に引っかかって、虎の子を失ってしまったとか……。

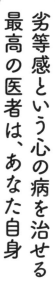

以前、男性とのトラブルで女性が刺される事件があり、テレビで生前の彼女の映像を観たときは驚きました。彼女は女声合唱団の一員で、天使のような美しい声で童謡を歌っていたのです。講演が終わったら高級住宅地の大きなお屋敷に帰り、ピアノのある居間で庭を眺めながらワインでも飲んでいそうな、そんな優雅な生活をしているようなイメージの女性でした。

しかし現実にはワンルームマンションに住み、厄介な男性との間に、ドロドロした問題を抱えていたのです。人は本当に「見かけによらない」としかいえません。

こんなふうに、どんなに羨ましいと思っている人でも、傍目には思いも寄らない、とんでもない問題を抱えていることがあるのです。

偉大な経営者や学者、華やかな芸能人やアーティスト、人格者と崇《あが》められる作家や高級官僚……。成功している人でも、精神的な問題や、あるいは家族に問題を抱えて苦しんでいる人は多く、名声を得たら得たで、お金持ちになったらお金持ちになったで、それぞれに問題はあるのです。

現に、マリリン・モンローやマイケル・ジャクソンは、世界中の人から愛されながらも、薬物に依存するなどの心の苦しみがあったわけです。

幸福感を得られるかどうかは、まさしく自分で自分を認められるかどうか、自分次第の問題なのでしょう。

逆に、傍目には不幸に見えるような境遇にいる人でも、「自分は幸福になれる」、あるいは「毎日、気楽で幸せだ」と確信していれば、そのとおり、その人の人生は幸せなのです。幸せになるために、医者の診断はいらないのです。

ちょっぴりシビアだけど自分を信じ、鼓舞するために、毎日でも自分に言い聞かせたい言葉

「人間は自分が幸福になれると思う程度だけ、幸福になれる」

こう言ったのは、独立宣言で知られる第16代アメリカ合衆国大統領、エイブラハム・リンカーンです。

彼は生涯で2度事業に失敗し、5度も選挙で落選し、恋人を死で失ったのち最悪の

妻と結婚し、うつ病を何度も経験し、その最期は凶弾に倒れ帰らぬ人となった——アメリカ合衆国の歴史上最初の大統領暗殺事件でした。そして、アメリカで最も尊敬される大統領でもありました。

リンカーンは、前述のように強度のうつ病を何度も経験し、側近は彼が手に取らないように、拳銃を隠しておいたという逸話があります。

そんなリンカーンでしたから、うつの状態で暗いことばかり考えてしまうときこそ、自分を励ますために、「自分が幸福になれると思う程度だけ、幸福になれる」と自分に言い聞かせ、自分を激励し続けたのだと思います。

そのおかげで、偉業を成し遂げることができた。そうした一片の真理がある言葉だから、時代や国を超えて読む人の心に響くのでしょう。

聖書などと同じですね。日本へキリスト教が伝来した当初は、日本人はポルトガル語などで聖書を読むことができず、もちろん日本語の翻訳書もないにもかかわらず、どうしてあんなにもイエスを信じることができたのでしょう？　それはイエスの心が時間や空間を伝わり、信じたいと思う人の心に入ってきたからです。

4秒でおさらい！ 世界を夢中にした「マーフィー博士の夢実現ステップ」

デール・カーネギーと同じように自己啓発の大家として知られる人物に、心理学者でもあったジョセフ・マーフィー博士がいます。

博士の有名な言葉といえば、これでしょう。


あなたの人生は、あなたが思い描いた通りになる

博士はカーネギーと同様に、科学的には潜在意識の効果について研究した人物です。

「人間は、自分が幸せになれると思うと、幸せになれる」という考えで、その具体的方法は、次のとおりです。

①自分の望むことをうまく想像する
②そのことを考え続ける
③実現を信じる
④行動する

こうした方法論は、科学的とは思えないかもしれません。でも結局、自分自身が「できる」と思えることとは、さほど現実離れしたことではない、ということでもあるのです。だから、それに向けて努力を続ければ、よっぽど自分の能力を超える荒唐無稽なことでもないかぎり、目標を実現することは可能なのです。

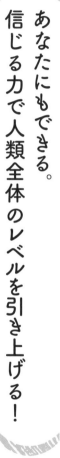

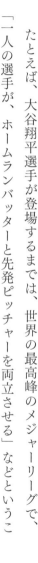

あなたにもできる。信じる力で人類全体のレベルを引き上げる！

たとえば、大谷翔平選手が登場するまでは、世界の最高峰のメジャーリーグで、「一人の選手が、ホームランバッターと先発ピッチャーを両立させる」などということとは、誰も考えませんでした。

しかし大谷選手自身は、自分はそれが「できる」ことを疑いませんでした。だから、さまざまな困難を乗り越え、誰もが認める二刀流のスター選手になることができたのです。

さらに重要なのは、ここからです。

大谷選手がこれを実現したことで、「自分にもできるはず」と信じることができるようになった二刀流の若手選手が、アメリカでも日本でも続々と登場したことです。大袈裟に言えば、**大谷選手は、自分自身を信じさせることで多くの人の新たな能力を覚醒させ、人類のレベルを引き上げた**のです。

信じることで能力が覚醒する例は、身近なところにも転がっています。

一例として高校の部活などでは、たとえばバレーボール部が全国優勝を果たすと、同校のほかのスポーツ部も、のきなみ強くなることがあります。

なぜなら、「バレーボール部にできたのだから、自分たちにもできるだろう」という意識が、「できない」という思い込みの枠を外すからです。

もっと多くの人の才能が覚醒した例としては、昭和の歌謡界で、なかにし礼や阿久《あく》悠《ゆう》という天才的な作詞家が世に出てきたことを挙げることができるでしょう。

彼らに追いつけ追い越せとばかりに、綺羅《きら》、星のごとく優れた作詞家・作曲家が続々と歌謡界に現れ、昭和歌謡の黄金時代を築きました。

それ以前の日本で流行した曲の多くは、演歌調のものや、海外のヒット曲をカバーしたものか、欧米の曲調を真似たものでした。

しかし、昭和の高度成長期になると、「これからは日本の時代だ」と、日本中が躍動しはじめます。そんなタイミングで、天才作詞家や作曲家が登場したので、「自分もあんな曲をつくりたい！」「自分にもできるはず」と、皆が目標や自信を持ったことで、多くの人の才能が一気に開花したのです。

自分を信じることの力は、これほど偉大なのです。

大谷翔平、なかにし礼たちと同じ鍵があなたの中にもある

私たちの夢や目標を実現することを妨害しているのは、いいえ、夢や目標を持つことすら阻《はば》んでいるのは、無意識下にある「できるわけがないという思い込み」や「常識」、「自分の力を信じていない状態」です。

そして、この「できるわけがない」と思う根拠となっているのが、自分で「欠点」だと見なしている部分です。

「うちみたいな田舎の高校は、全国大会に行けるわけがない」

「大した学校も出ていないのだから、社会に出たって成功するわけがない」

「なんの取柄もないダメな自分が、幸せになれるわけがない」

これらはすべて、自分自身が勝手に欠点だと見なして、勝手につくりだしている幻

想です。しかし、どれも視点を変えれば、いくらでも長所になり得る材料なのです。

「田舎だからこそ、広い土地でいろいろなトレーニングができる」

「有名大学を出た人とは、違う視点を持てる」

「なんの取柄もないから、これからさまざまなことが上達できる伸び代がある。あるいは、庶民感覚があるから、多くの人に愛される商品がつくれる」

――という具合に。人それぞれ個性があるので、100人が100人、大谷翔平選手や天才作詞家とまったく同じような活躍ができるという意味ではなくて、各人の個性や才能はそれぞれであり、あなたにはあなただけの力がある、ということです。

そして、その力を覚醒させる鍵は、「自分を信じる」ことにあるのです。

限界突破――「年齢の壁」をとり除け！ 欠点なんて、すべて自分のつくった幻想だ！

さらに加えると、**人は年をとると〝欠点〟を過大に考えてしまいます。**

「もう今さら、○○はないな。皆の笑いものになってしまう」
「この年齢になったら、年甲斐もなくもう○○なんてできないな」
「今から○○をやって、どうなるというのだろう。残りの人生は少ないのに」

実際には、高齢になってから年齢相応のモデルや研究者になったり、プログラマーや作家になったりする人はいます。しかし大多数の人は、自分にそんなことができるとは思っていません。

しかし私たちは、気力や体力はなくとも、知識がある状態からスタートできるのです。子どもがゼロからスタートする大変さに比べれば、どんな人にもアドバンテージがあるのです。

私自身は、著述家として知られるようになったのは、ある程度の高齢になってからでした。医学者としての知識はありましたが、だからといって、本を出したいと思っても、すぐに出せるわけがありません。

「どんな本が求められているのか」「どんな著者が人気を集めているのか」といった

出版界の情報を集め、編集者たちからボロカスにダメを出され、ヨレヨレを通り越して息も絶え絶えになりながら、試行錯誤した末にやっと本が出せるようになり、現在にたどり着いたわけです。

オリジナリティーを出すために、海外の文献も含めた専門外の論文もたくさん読みました。そうした泥臭い過程を知れば、「なんだ、高田だって、そんなに苦労してやっていたのか。だったら、私にだってできるのではないか」と、考える人も多いのではないでしょうか。

そう思っていただけるなら本望で、私は年齢という「欠点」を、すべての高齢者からなくしたいのです。

自分に限界をつくってはもったいない。

限界をつくれば何もできなくなる、と思うべきです。

年をとるごとに、経験を積み上げている自分をもっともっと信頼しましょう。

「自分を信じる心」の守り方、育て方

「才能とは、自分自身を、自分の力を信ずることである」とは、ロシアの作家、マクシム・ゴーリキーの言葉です。同様の意味のことを多くの成功者も述べていますが、実践するのは非常に難しいものです。

自分を疑わず、すべての失敗を肯定的にとらえ、目的に向かって努力を惜しまなければ、確かに成功する確率は上がるでしょう。

しかし私たちの心は、失敗するたびにグラグラと揺れ動き、自信を失い、意欲をくじかれていきます。そのうち、この先、自分が成功するとは思えなくなり、絶望してしまう人も出てきます。年齢を重ねるほど、そんな絶望感を抱く危険性は増していきます。

「自分を信じること」と、「自分はダメかもと思うこと」は、実のところ、裏表一体

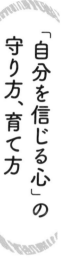

の関係にあります。

私たちは、いつも自分自身に大きな期待を寄せて、「より高いレベルのことができるはずだ」とか、「もっと充実した生き方ができるはずだ」と思っているものです。

ところが、実際に自分ができたことといえば、期待や予想を遥かに下回る情けないことだけ。だから充実感も、自信も持てないのです。

自分に期待を寄せたい場合は、「結果」に執着しないようにしましょう。

「結果」には、他者やそのときの環境など、さまざまな要素が絡んできて自分のコントロールが及ばない面が大きいからです。自分の力の及ばない結果を期待して、がっかりするのは、ナンセンス。

「結果」を期待するのではなく、**期待する対象を、たとえば、「前向きな気持ちで、やり遂げる」「優勝するために、あらゆる努力をする」といった自分の姿勢に向けてみてください。**そうすれば、どんな結果になろうと、自信を失うことはありません。

そして実際に、最後まで前向きにやり遂げられたり、あらゆる努力をしたりしたのなら、文句なしで「自分は、よくやった！」という自信を育むことになるでしょう。

それでも自信が持てないときは

もう数十年も前の話です。

私が大学の教授になったばかりのころ、本当の理由は判然としませんが、自信が持てずに悩んだことがありました。おそらくは教授としての大きなプレッシャーを感じていたのでしょう。

そのとき、一所懸命に読むようになったのが、先に紹介した**「あなたの人生は、あなたが思い描いた通りになる」**という言葉で有名なジョセフ・マーフィー博士の本でした。大学の研究室で、時間があれば必ずマーフィー博士本人の本か、その考え方を解説した本を、まるで聖書のように繰り返し読んでいたものです。

そんな一連の本の中に、「生長の家」の創始者である谷口雅春さんの本があり、次のようなエピソードが紹介されていました。

Ａさんという男性が事業に失敗し、全財産を失います。その後は何をやってもうまくいかず、ついには住むところもなくなってしまいます。

そうして路上で迎えた夜、そこには同じような境遇の人たちが多く集まり、夜道で焚火をしていました。

ふと前を見ると、なんだか自分に似ているような、似ていないような男性が焚火にあたっています。その顔はてかてかと光り、生気に満ち満ちているようです。いったいどうして、あんなに元気に見えるんだろう……？

その男性は、朝になるとどこかに行ってしまいました。彼はいったい何者なのだろう？　Ａさんは不思議でなりませんでした。

そしてあるとき、この男性と話す機会が訪れます。

Ａさんが彼に近づき、「あなたは何者ですか」と尋ねると、彼は答えました。

「自分はお前のプラスの部分だ。元はお前の中にいたが、お前がいつも陰気なことばかり考えていたので、中にいられなくなって飛び出したのだ。もし、お前がまた昔のように物事を明るく考えるようになれば、いつでもお前の中に戻る」

そこでAさんは目が覚めました。その男の存在は、夢の中でAさんがつくり上げた妄想の産物だったのです。

でも、これをきっかけにAさんは気づきました。

「プラスの心をとり戻さなくてはいけない。明るさを忘れ元気を出さないから、何をやってもうまくいかないのだろう！」

それからAさんはすべてのことをプラスに受け止め、ゼロの状態から人生をやり直しました。そして再び事業を起こし、成功するに至るのです。

私たちの心の中には、必ず明るい部分があるということ。

Chapter8の「明るい面を見る」にも通じますが、どうしても自信が持てないという人は、まずは、自分自身の明るい面、前向きな自分に目を向けましょう。

何歳になっても、それは必ず心の中に眠っているのですから、忘れてしまっている人は再び思い出すことが必要なのです。

その明るい心が物事をうまく運び、「自信」をとり戻す糸口となるでしょう。

Chapter

10

うつを防ぐ、武器としての医学知識

――「心が強くなる」食べる妙薬

人生は、
個人にとっても人類にとっても、
等しく耐えがたいものである。

ジークムント・フロイト
（1856〜1939　オーストリアの心理学者、
精神分析学の創始者）

表面化してないだけで、ここまで深刻な高齢者の「うつ」問題。対岸の火事ではないですよ

本書ではここまで、賢人たちの「心を軽くする言葉」を土台に、「高齢になったら、どのように考え方を変えていけばいいのか」を考察してきました。

なぜ医学者である私が、こうしたテーマの本を書いたのかといえば、今、高齢者にとって深刻な問題である心の落ち込みを解決するには、賢者たちの言葉を参考にするのが一番効果的だと考えたからです。

あなたは、彼らの言葉をどのようにとらえたでしょうか？

高齢者にとっての問題の中でも、最も深刻なのが「うつ」です。

「うつ病」と認定されず、潜在的にうつを抱えている人まで含めれば、高齢者のかなりの割合の人が、なんらかの形で「うつ傾向がある」と診断されるのではないかと思います。40代以上で自殺する人のほとんどは、うつ病になっていたと考えるべきかも

しれません。

うつ状態になる理由はさまざまですが、**過去に執着したり、未来を不安視したり、自分を責めたりと、Chapter1〜9で紹介してきた習慣は、ほとんどがその原因**となります。

2023年にお亡くなりになった作家の森村誠一さんは、老人性うつ病と診断されていました。

『人間の証明』など、作家として数々の成功を収めてきた森村さんが、なぜうつ病になったのかといえば、自身の左派的な考えが世の中に受け入れられないことをずっと悩んでいたからだそうです。

それでも若いときは自分に自信があったから、むしろ世の中に逆らうような強さを売りにできていたのでしょう。しかし年をとって体が言うことを聞かなくなり、さらに時代の変化によって、以前ほどには仕事の依頼がなくなると、自分を責めるようになっていきます。

もともと頭のいい人だっただけに、いろいろ考えすぎて精神的に追い込まれ、うつ病がどんどん進行してしまったのでしょう。

もっとも、森村誠一さんは90歳まで人生をまっとうされていますから、肉体の健康は維持されていたといえます。

ただ、長生きすれば幸福なのかといえば、必ずしもそうとはいえません。**高齢でうつ病になった人は、かなりの確率で認知症に移行することが知られています。**

うつ病で最も恐いのは自殺ですが、最近は防止策が進んでいることもあり、自殺者数はかなり減る傾向にあります。しかし、寿命が長くなったことと、孤独に暮らす高齢者が増えているせいで、うつから認知症になる人は増えているのです。

辛さを忘れるために、自己防衛本能として思考すること自体から逃れ、認知症になっていく――。そんな高齢者の人生が「幸福である」とは、とてもいえないでしょう。

やはり私は、医師として、多くの人に人生の最期まで健康で頭脳もスッキリ冴えた状態でいてほしいのです。

では、うつを避けるため、私たちには何ができるでしょうか？

脳を破壊するロボトミー手術——うつ病を治すための震撼の歴史

うつを避けるには、まずうつ病を正しく理解することです。

うつ病とは、体のどの部位に原因のある病気だと思いますか？

今はおそらく、うつ病は、脳の異常だと思う人がほとんどだと思います。

ただ、今から2500年ほど前、古代ギリシャの医聖ヒポクラテスは、「人の気分は体を流れる**体液**の違いによって変わる」と考えました。そして、「体の中を異常な体液が流れている人は、うつになる」としています。

古代では、うつは体質であり、生まれつきのものと考えられていたのです。

逆に言えば、古代は寿命もさほど長くはなかったでしょうから、現在のように複雑にからみ合った原因によって、成人や高齢になってから発症するうつ病は、比較的少なかったのでしょう。

うつ病にはいろいろな治療法があり、昔から多くの患者を支えてきたのは、**信仰**でした。とくに西洋ではキリスト教が、アラブ世界ではイスラム教が信じられていたので、うつ病の治療にしても、薬や心理療法ではなく、神によって癒やされたと述べているケースが多く見られます。

こうした傾向が大きく変わってきたのは、人の思考を司る、脳の機能が明らかになってきてからです。脳が性格を左右することは、ヨーロッパでは中世にはすでに明らかになっていました。

当時の騎士たちは、剣や槍《やり》を持って決闘することがあり、その際、頭蓋に武器が刺さったことにより、性格が変わったり、うつ病の人が元気になったりするケースがあることが知られていました。

これらのケースを研究した結果、20世紀になって誕生した治療法が「ロボトミー」という前頭葉《ぜんとうよう》白質切截《せっせつ》術です。

1935年、アメリカ、イェール大学のジョン・フルトン教授は、「サルの前頭葉を切除すると、強いストレスをかけられても平然としているし、ストレス後の精神的抑圧もとり除かれる」と報告しました。

その調査報告をロンドンの学会で聞いたポルトガルの脳外科医エガス・モニスは、この手術を人間に応用し、重度のうつ病や統合失調症の患者の前頭葉を切断することで、精神的な異常から回復させることができたと報告したのです。

安全性だけでなく動物保護や人権尊重などの倫理的な観点からも、今では考えられない実験的施術ですが、モニスはこの業績でノーベル生理学・医学賞を受賞。これがいわゆるロボトミーの始まりでした。

ロボトミーは当初、「患者の頭蓋を開け、前頭葉とそれ以外のところとのつながりを切断する方法」がとられていました。

それを簡略化したのが、アメリカ、ジョージ・ワシントン大学の脳外科医ウォルター・フリーマンで、眼球の奥の骨にアイスピックで穴を開け、そこからメスを入れる方法を確立しました。

これによりロボトミーは、手術室でなくてもできる比較的簡便な措置となり、ますます多くの人が簡単にこの手術を受けることになってしまったのです。

もちろん、こんな無謀な手術ですから、術後には自立した生活ができなくなったり、脳死状態になったりする患者も多く生じました。うつ病が治ったり軽減したりした人はいたけれど、残忍な手術ということで、ロボトミーは事実上禁止となりました。

そして、ロボトミーを生みだしたモニス教授も、手術を受けたとされる患者が放った銃弾を受け、下半身不随になります。アメリカでは患者や遺族の団体により、彼のノーベル賞受賞とり消し運動が何度も起こっています。

その薬では治らない！新たに判明、セロトニンを増やすという大きな過ち

ロボトミーへの疑問も広まっていた1950年代には、うつ病の治療薬の研究も盛んになりました。

ニューヨークの精神科医、ナタン・クラインは、製薬会社と共同でうつ病の薬を開発し、「患者の症状が完全に解消された」と発表しました。さらに彼は「精神医学史

上、明確な効果を示した最初の薬物による治療であった」と述べます。

クラインが開発した薬は、セロトニン、ドーパミン、ノルアドレナリンといった、神経物質の分解を阻害する作用がありました。しかし、同時に、チーズやワインなどに含まれ血圧を高める物質チラミンの分解をも阻害するので、多くの患者は高血圧、脳出血などの副作用に悩んだのです。

さらに当時は、長時間の睡眠をとると精神障害が治ることがあると信じられていたため、眠気を起こす物質、イミプラミンが開発されたのです。スイスの医師、ローランド・クーンは、イミプラミンを500人以上の患者に与え、抗うつ作用があったと報告しています。

これらの治療薬を開発した研究者は、うつ病はセロトニンなどの神経物質が欠乏することによって起こると考えていました。だから、それらを増やす薬をつくれば、うつ病は治療できると考えたのです。

そこで生まれたのは、脳内のセロトニンやノルアドレナリンを増やすとされる「SSRI」という種類の薬です。SSRIの中で最初に開発された「プロザック」は、

「この世からうつ病をなくす薬」などといわれ、大変な評判になりました（日本は未認可）。

その後開発された「パキシル」という薬は、現在でもよく処方されています。

ところが現在では、うつ病を治療するために薬を使用して、セロトニンなどの神経物質を増やすことに疑問が投げかけられています。

「セロトニンが足りないからうつ病になる」という推論は、自殺者などの脳を解剖したところ、セロトニンの量が減っている例が多いということから得られたものでした。

しかし現代の医療技術で改めて測定した結果、セロトニンの量は、むしろ健常者よりも増えていることがわかってきたのです。

確かにセロトニンには心を癒やす効果があり、悩みが大きくなると、私たちの脳は防衛本能でセロトニンを多く分泌します。**脳には大量のセロトニンがあふれているのです。しかし、うつ病の脳はそれを使いきれず、それなのに薬でセロトニンをさらに増やしたところで、ほとんど意味はありません。**

それでも効果があるとされる「パキシル」などには、セロトニンを増やすこと以外の別の作用が、効果をもたらしているのではないかと考えられています。

いずれにしろ、薬に頼っても、うつ病の治療は難しいのが実際なのです。

ある種の「腸内細菌」への感染が、うつ症状を引き起こす

では、うつ病には対処する方法がないかといえば、そんなことはありません。

最近になって研究が進み、大きな成果を上げているのが**「腸内細菌」**からのアプローチです。

腸内細菌とは、主に私たちの大腸に棲息して、消化吸収などの助けをしている細菌たちです。その数は1000種類、100兆個ともされています。

なぜ腸にいる細菌が、脳で起こるうつ病に関係するのかと疑問に思う方は多いでしょう。でも、大いに関係しているのです。

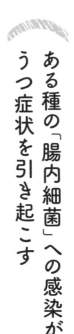

「肉を食べると元気になる」とか、「大好物を食べるだけで、一日中、モチベーションが高くなる」という人がいます。一方で、緊張するとお腹が痛くなり、環境が変わると便秘になるという人もいますね。

これは「腸脳相関」といい、脳と腸は、**お互いに密接に関係していることを表します。脳で問題が起これば、ダイレクトに腸でも問題が起こり、腸に不具合があれば、脳の物質や気分に影響する**ことが知られています。

たとえば、精神科の医師によると、発達障害の人には頑固な便秘の傾向があり、うつ病の人には腸が過敏で下痢気味の人が多いそうです。

腸で起こった問題が、ダイレクトに脳や思考に影響を及ぼした有名な例は、2000年にカナダのウォーカートンという小さな町で起きた洪水による現象です。

このとき、下水が飲み水に混入してしまい、多くの住民が病原性の大腸菌やカンピロバクター・ジェジュニという細菌に感染しました。

そして2300人が過敏性腸症候群という症状を発症し、激しい下痢や腹痛、けいれん、膨満感《ぼうまんかん》、ガス発生などの胃腸障害を引き起こしたのです。中には症状が、数年間続く患者もいました。

カナダ、マクマスター大学胃腸器科のステファン・コリン教授は、これらの患者を8年間にわたって調べました。すると患者には胃腸障害だけでなく、激しいうつの症状や、不安障害で苦しんでいる人が多いことが判明したのです。

コリン教授の研究成果を受け継いだマクマスター大学消化器科のベルシク教授は、この精神症状が腸内細菌と関係するのではないかと考えます。

彼はまず、あるマウスに別のマウスの便を腸内に移植し、行動に変化があるか調べました。

マウスにも個性があり、ある種のマウスはおとなしく、ある種のマウスは行動的です。比較的おとなしい性格のマウスに行動的なマウスの便を移植すると、そのマウスが行動的で詮索好きになることを見つけたのです。そして過敏性腸症候群の人間の便をマウスに移植すると、マウスは非常に不安げな症状を呈するようになったのです。

わかってきた「感染する精神病」のメカニズム

「便の移植」をする目的は、ある個体の腸内細菌を、別の個体の腸内細菌に移植するためです。本当に**腸内細菌叢《そう》（腸内フローラ）が変わることで、「行動力」や「好奇心」や「不安」など、精神的な特徴や性格まで変えることが可能**なのでしょうか？

それを検証するのが、「無菌マウス」を使った実験です。

私たちは母親の胎内にいるときは、無菌の状態ですが、出産の際に、母親の産道にいる細菌に感染し、さらに生まれた直後から外界のさまざまな細菌が、皮膚や呼吸器・消化器などに付着します。

これに対し、無菌マウスは、産道を通って細菌に感染することがないように、帝王切開で出産させたあとに、まったく無菌の環境で育てたものです。したがってマウスの腸内には、細菌がまったくいません。

２０１１年、スウェーデンのカロリンスカ研究所のピーターセン教授らは、無菌マウスが外界の刺激に鈍感であることを発見しました。生まれつき無菌で育てると、腸内の刺激が脳に届くことが少ないせいで、鈍感になるのです。

これは、敏感な人がなりやすい、うつとは正反対の性質です。そして小動物にとって「鈍感である」ということは、自然界で遭遇するさまざまな危険を回避できない危険性が高く、生存が難しいことを意味します。

そこで、うつ病患者の便と健康な人間の便を、無菌のマウスの腸内に移植したらどうなるか？

結果は、マウス同士の実験と同様に、うつ病患者の便を移植されたマウスは、うつの症状を呈しました。一方、健康な人間の便を移植されたマウスは、その後も健康な状態を保ったのです。

現在は、「腸内細菌によって精神的な病気が伝染する」という考え方は一般的になっており、「精神的インフルエンザ」とも呼んでいます。

腸内細菌とうつ病の研究はその後も進み、健康な人の腸内細菌を除去すると、うつ病の症状を呈することもわかってきました。先の無菌マウスが鈍感になったのとは、真逆の結果になったように見えますが、本来腸内細菌がいたのを人為的に無菌にしたものと、生まれついて腸内が無菌であるものは、違うということです。

まず、腸内細菌にはカンピロバクターなどのうつ病を引き起こす腸内細菌と、うつ病から守ってくれる腸内細菌があります。

そして、**普通の状態の人に抗生物質（あらゆる細菌を死滅させる薬）を多く与えて、人工的に腸内細菌を死滅させると、うつになる確率が高い**というのです。

ベルギー、ルーヴェン・カトリック大学のラエッス教授らは、オランダ人とベルギー人1000人をもとに、うつ病の人にどのような腸内細菌が分布しているのか調べました。

その結果、うつ病の人は、2種類の腸内細菌が欠けていると、イギリスの国際的な学術誌『ネイチャー』で報告しています。

さらに詳しく調べると、人工的にうつ状態にした動物の腸内細菌叢は、人間のうつ病患者の腸内細菌叢と似ていることがわかったのです。

脳と腸内細菌の関係の研究は始まったばかりですが、私も現在、ある大学の精神科の先生と共同で、うつ病・発達障害と、食べ物や腸内細菌の関係を研究しています。まだ結論は出ていないのですが、面白いデータも得られています。

これからの研究成果に、ぜひ期待してください。

65歳からの「新しい食べ方」。いい腸内細菌をたっぷり育み、うつを予防

腸内細菌が心の状態を左右するのであれば、「心にいい腸内細菌」を養っていけば、メンタルの状態も、ある程度「いい状態」にしていけるということです。

そして「心にいい腸内細菌」の種類についても、ほぼわかってきています。

では、どのようにして「心にいい腸内細菌」を自分の体内で育てていけばいいのかといえば、答えは簡単です。「食事」です。

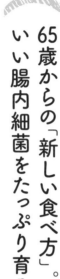

腸内細菌は、私たちが無菌状態でこの世に生まれ出るときに、まず母親の産道で細菌に感染すると述べました。そこから先は、空気や、他者との接触、物やペットなどを介してさまざまな細菌に感染していきますが、一番影響が大きいのは食事です。

私たちは、普段好んで食べているものによって、それぞれ独自の腸内細菌叢を育てています。もし好んで食べている食事が、「心にいい食材」であれば、それが「心にいい腸内細菌」となって、その食事を続けるだけで何歳になっても、うつに強い心を保つことができるはずです。

では、どのような食べ物がうつを予防し、どのような食べ物がうつの要因となったり、うつを悪化させたりするのでしょうか？

以下、代表的なものを紹介します。

① オメガ脂肪酸

「オメガ脂肪酸」は、DHAとか、EPSなどで有名な、魚に多い長鎖の脂肪酸です。

オメガ脂肪酸については、肯定派と否定派、両方に大量のデータがあり、「うつ病を防ぐ作用がある」というものもあれば、「予防の作用はない」とか「悪化させる」というデータさえもあります。

このように異なる大量のデータが存在しているとき、すべての結果を総合的に検討し、より信頼性の高い結果を判断する方法を「メタ解析」と呼びます。

このメタ解析によれば、DHAやEPSなどの「オメガ3《スリー》脂肪酸」と呼ばれるものについては、うつ病を防ぐという説が有力です。オメガ3脂肪酸はとくに魚類に多く、**「魚を摂取する率の高い国は、うつ病になる率が少ない」**とのことなので、効果はかなり期待できるでしょう。

②プレバイオティクス（地中海食、和食、生野菜）

プレバイオティクスとは、腸内細菌のエサとなる食材のことで、果物や野菜に多く含まれるポリフェノールや、食物繊維などをいいます。

これらを豊富に含む食材を用いた料理としてよく知られているのは「地中海食」です。地中海食とは、イタリア、スペイン、ギリシャなど、地中海周辺諸国で好んで食べられている料理のこと。穀物、オリーブオイル、魚介などを主として用い、赤身の肉、脂肪、砂糖などの割合は少ないのが特徴です。

最近は欧米化して変わっていますが、**昔の日本食**にも同様の特徴がありました。

これらを食している地域の人は、肉食が主体の地域に比べ、うつ病になる人が少ない傾向にあります。

地中海食のもう一つの特徴は、魚介類だけでなく、生野菜を多く使用していることにもあります。

生物には「オートファジー」（オートは「自分」、ファジーは「食べる」という意味）があります。生命維持に必要なアミノ酸や栄養素源の生成のために、細胞内の古くなったタンパク質をリソソーム（細胞内の小器官）で分解して再利用することで、細胞の恒常性を保つ重要な機能のことです。細胞内リサイクルシステムともいえます。

どんな食材も、長期間置いておくと劣化して細胞も栄養素も分解され崩壊してしまいますが、これは、オートファジーの「自分を食べる」機能だけが働いて再生機能が働かないからです。生命がなければオートファジーの恒常性は保てないのです。

このような、オートファジーによる再生が行なわれずに、分解だけが多く起こった（つまり、劣化した）食材を食べると、私たちの体の中の老化因子も刺激され、やはり細胞の老化が起こります。

これを除去し、便として外に出すのに最も効果的なのは、新鮮な生野菜に含まれる食物繊維を積極的にとることでしょう。

高齢で一人暮らしをしている人には、手軽で便利なコンビニの弁当や、お惣菜を食べる人が多くいます。若いときはあまり気にしなくていいけれど、年をとると、劣化した食材による、ちょっとした老化作用もよくないので、できるだけ、生のトマトやキャベツなどを自分で切って、付け合わせに食べる習慣をつけるといいでしょう。それだけでも腸内細菌の状態はかなりよくなります。

③ 発酵食品（漬物）

和食では生野菜をあまり使いませんが、その代わり発酵食品が多いという特徴があります。地方によってさまざまな漬物があり、納豆や味噌、醤油、酒粕、かつおぶしなども含め、ここまで発酵食品のバリエーションが豊富な食文化は、日本以外の国ではなかなかないように思います。

発酵食品においても劣化は進んでいますが、生きた酵母がありますから、その影響で若々しさを保てるわけです。体内でいい働きをする細菌も多く存在します。キムチやチーズ、ヨーグルトなど、日本以外にも発酵食品は多くあります。ただ、発酵食品だけに偏らないよう、生野菜と両方をバランスよく食べていくことが重要でしょう。

④ 食物繊維（ファイバー）

生野菜の項目でも説明したように、食物繊維は、いい腸内細菌をつくる最大の要素です。ヨーグルトの効果はよく知られていますが、それ以上に野菜の食物繊維は、既存の腸内細菌を育てるのに効果的です。

食物繊維を多く含む食材は、ほかにも海藻やキノコなどがありますが、何より〝**加工していないもの**〟**をとるのが一番**だと私は思っています。

「加工」には〝温めること〟も含みます。加熱によって食物繊維の組織が壊れ、腸内細菌も活動しにくくなるのです。もちろん、加工したとしても体にいいことは間違いないのですが、なるべく生の野菜も多く食べるようにしましょう。

驚きの快適さが味わえる♪ たまに一日2食の〝プチ粗食〟

さて、ここまで高齢者の「うつ対策」に役立つ食材を紹介してきました。

次に、これらをどのように食べるといいのか、私の意見を述べておきましょう。

世の中には食事に関して、あふれんばかりの情報があります。

「肉を食べなさい」と言う人もいれば、「野菜を食べなさい」と言う人もいる。「一日3食、しっかり食べて栄養素をとりなさい」と言う人もいれば、「朝食は抜きなさい」とか「食べてもいいけれど、炭水化物は控えなさい」と言う人もいます。

どの考え方にも一長一短ありますが、何より本書は高齢者に向けた本です。しかも毎日めいっぱい運動している元気満々の人ではなく、どちらかといえば気持ちが少々沈みがちで、腸内細菌の活動を助ける必要がある人のための本です。
そんな方に相応しい食事を、ここでは考えましょう。

食事について、まず言いたいのは、「必ずしも大量にとる必要はない」ということです。私の場合、朝食を食べたあとに、昼と夜を一緒にした食事をします。つまり一日2食です。それで実に快調なので、一日2食を推奨していますが、そこまでしなくても、**1週間に3回ぐらいは朝食を抜いてもいい**のではないかと思います。

腸内細菌は多様性が大事なので、食事時間や回数の多様性も大事だと考えています。

私は2食ですが、実にいろいろ工夫し、多様性を保っています。

「朝食」は、一例を挙げると、8枚切りの食パンにバターを塗り、その上にたたみいわしとチーズをのせたもの。それにトマト2個、レタスやキャベツなどの生野菜、そしてヨーグルトです。

「昼＋夕飯」は、パスタの日もありますが、お米の場合は茶碗1杯半くらい。一日にとる炭水化物は、これぐらいで十分だと思います。

逆にそれぐらいに抑えるなら、お酒を我慢する必要はないでしょう。以前はお昼ごろに缶ビール1本を飲んでいました。

ただ最近は空き缶が溜まらないように、ウイスキーに氷を入れてロックで飲んでいます。すると昼寝がしやすいし、糖質もゼロなので体にはいいでしょう。このときのおつまみは、レモンを輪切りにしたものです。

こんないろいろな食材で栄養素と腸内細菌の多様性を育もう

食事について次に大切なことが、**なるべくいろいろな種類の食材を食べること**です。**糖尿病患者の腸内細菌は多様性がない**ことが知られています。栄養素の意味でも、多種多様な腸内細菌を育てるエサの意味でも、毎回、同じ食材ばかりにならないよう、私もいろいろと工夫しています。ちょっと大変だと思うかもしれませんが、それを考えて実行することが脳にいい刺激を与えますから、頑張りましょう！

完璧でなくていいのです。手軽に食材の種類を増やせるシーフードミックスやミックスベジタブルなどを活用するのも賢い手でしょう。

味つけは、かつおだしのほか、昆布茶の粉、あるいは鶏ガラや牛コツなどいろいろなブイヨンを使えば、それだけでもとれる栄養素に変化がつきます。

若いときであれば、筋肉をつけるために肉を多く食べるのは悪いことではありません。ただ、年齢を重ねると、老化因子を多く含む食材の影響を受けやすい。だから高齢で肉食ばかりしている人には、糖尿病で悩む人が多くいます。肉は、生で食べるわけにいかないので加熱によって、どうしても老化因子を抑えることができません。それでも筋肉の衰えは防ぐ必要がありますから、比較的生に近い状態で食べられる魚や卵をおすすめします。

ちなみに、焼き魚のときは脂肪が足りないので、ごはんにバターを一片のせてレンジで温める、といった工夫をしています。

デザートもいろいろと楽しみましょう。適度な糖質も、多様性を育むために大切だからです。私は、お昼ごろ、散歩の帰りにコンビニで、アイスクリームを一つ買って食べるなんてことも、2日に1回くらいしています。

新商品や期間限定商品を試すのも、楽しみの一つになっています。

毎日はいけませんが、ごくたまにならジャンクフードも腸内細菌を目覚めさせるいい刺激になります。

最後に。オマケだけど非常に役立つ、軽やかな心でいるための知識。〝脳を決して暇にしないで！〟

高齢者にうつが多いのは、食事の問題もさることながら、生活習慣の変化も大きく関係しています。

若いとき、私たちはストレスを解消する手段をたくさん持っていました。テニスやゴルフなどのスポーツをして、「酒を飲もう」と思えば、帰りがけに会社の同僚を誘うだけでよく、そこでストレスを発散して帰宅し、グーグー寝てしまえばよかったのです。

ところが、年をとって気晴らしをする機会が減ると、何もしないで、ただ頭の中で過去のことを考える時間だけが増えてしまいます。

その結果、「あのとき、あんなことをしなければ」「あの人のせいで人生がおかしくなってしまった」などと、ネガティブなことばかり思い出してしまうわけです。

要するに、**なぜ高齢者がうつに陥ってしまうのかといえば、余計なことを考える時間がありすぎるから**です。

若いときは将来が不安になっても、目の前にやることがたくさんありました。でも、高齢になるとそうはいきません。ついつい、ネガティブな思考によって自分を追い込んでしまうわけです。

では、どうすればいいのかというと、思考や行動を変えることが大切で、それについてはすでにChapter1〜9で、さまざまな賢人たちの言葉をベースにして紹介しました。

1　夢と理想を失わない

2 遊び心を忘れない
3 過去のことは思い出さない
4 明日のことは考えない
5 自分に残されたものを大切にする
6 心の余裕を持つ
7 自分を責めない
8 明るい面を見る
9 自分を信じる

もし、自分は1～9の項目とは逆の状態になっているなと思ったら、本書で紹介した各章の言葉に立ち戻り、悪い思考が自分を追い込んでいかないように、心を切り替える工夫をしてほしいのです。

最後にもう一つ、大切なことを紹介します。

それは、**余計なことを考えてしまう時間をなくすために、「脳に入れる刺激」を増やす、ということ**です。

たとえば、最近のアメリカンスタイルのバーやアイリッシュ・パブに行くと、大きなモニターにスポーツの映像とかMV、あるいはネイチャー系の映像が絶えず流れていますね。

誰も見ていないのに、なぜ映しているのでしょうか。あれにはちゃんと意味があるのです。

人は、目や耳から絶えず情報が入っていると、時間を持て余すことがありません。大勢で話しているお客さんはともかく、一人で来ているお客さんは、あの垂れ流しの映像のおかげで居心地が悪い思いをすることもありません。

これと同じことを、自分の家でもやってみればいいのです。

映画やドラマだと集中力を削がれるかもしれませんので、海外のニュースやナショナルジオグラフィックTVのような自然系の映像、あるいはスポーツや音楽なら、ただBGVとして流しっぱなしにしても気は散らないでしょう。

とくに最近は無料配信の映像コンテンツが充実しています。流したい映像はすぐに見つかるはずです。

もちろん映像でなくても、音楽やラジオなどをつけておいてもいいと思います。

私はお風呂に入るときも、クラシックやビートルズのような洋楽のCDをかけておくのですが、それだけで長時間湯船に浸かっている間も、余計なことを考えなくてすみます。湯船に浸かっている間は、膝や腰にかかる体重や重力が軽減され、リラックスできるという大きなメリットが得られます。

体を浮かすことに集中しながら、さらに音楽などで脳に仕事を与えておけば、ネガティブな思考が起こる余地はなくなります。

これは、**ほかの作業にも簡単に応用できる**ことなので、ぜひ試していただければ幸いです。

〈了〉

参考文献
1; Scot C.Anderson,John F.Cryan and Ted Dinan, *The Psychobiotic Revolution*, National Geographic, Washington DC,USA.
2; Gunjan Goel, Teresa Requena and Saurabh Bansal, *Human-Gut microbiome*, Academic Press,London, UK.
3; Joab Oliveira Salomão, *Human Gut Microbiota in Weight Loss and Depression*,Our Knowledge Publishing, Republic of Moldova.
4; Edward Ishiguro, Natasha Haskey, Kristina Campbell, *Gut Microbiota:Interactive Effects on Nutrition and Health*, Academic Press, Washington DC, USA.
Gut Microbiomes;*Nature*, vol, 577, 30 January 2020
Psychobiome;*Science*, vol.368,May 2020
高田明和編 『摂食と健康の科学』朝倉書店
高田明和『幸せを生む〈魔法〉』春秋社
辻雙明『禅の道をたどり来て』春秋社
ケリー・ヌーナン・ゴアス（著）、山川紘矢、山川亜希子（訳）『HEAL 癒しの力』KADOKAWA
高田明和 『ＨＳＰと発達障害』三笠書房《知的生きかた文庫》
高田明和 『生きているだけで不安なあなたを救う方法』三笠書房《知的生きかた文庫》

88歳医師《さいいし》の読《よ》むだけで
気持《きも》ちがスッと軽《かる》くなる本《ほん》

著　者——高田明和（たかだ・あきかず）
発行者——押鐘太陽
発行所——株式会社三笠書房
〒102-0072 東京都千代田区飯田橋3-3-1
電話：(03)5226-5734（営業部）
：(03)5226-5731（編集部）
https://www.mikasashobo.co.jp
印　刷——誠宏印刷
製　本——若林製本工場

ISBN978-4-8379-2974-1 C0030